THERES UND
BENJAMIN PLUPPINS

südwest

# DIE IDEE

Als Foodblogger sind wir es gewohnt und haben großen Spaß daran, Rezepte zu entwickeln. Egal, ob dies aus einer einfachen Idee entsteht oder weil ein Kooperationspartner danach fragt. Wir stecken immer die gleiche Energie und Leidenschaft in die Schaffung neuer Rezepte. Mittlerweile machen wir das seit fünf Jahren und freuen uns immer wieder darüber, wie ihr unsere Rezepte annehmt und auch umsetzt. Es ist immer schön zu sehen, wenn wir Fotos von euch bekommen, wo ihr ein Rezept umgesetzt habt. Genau deshalb haben wir eine so große Freude an unserem Hobby.

Seine eigenen Rezepte schließlich in einem gebundenen Buch im Handel zu sehen, ist dann noch mal was ganz Besonderes. Bislang haben wir im Bassermann Verlag aus der Verlagsgruppe Random House zwei Kochbücher veröffentlichen dürfen. Wenn man dann das Buch das erste Mal in den Händen hält oder im Buchhandel sieht, ist das ein Glücksgefühl und man freut sich wie Bolle.

Nach unserem zweiten Buch, vielmehr in der Entstehungsphase, gab es bei mir beruflich eine Änderung. Ich bin zwar in der gleichen Firmengruppe beschäftigt wie vorher, habe aber einen Part eingenommen, der was völlig anderes ist. Im Grunde konnte ich hier einen Teil meines Hobbys (das Kochen, Rezepte-Schreiben und Mit-Essen-Beschäftigen) zum Beruf machen. Seit Ende letzten Jahres bin ich nämlich Brand Manager einer sehr jungen Marke, die sich mit Grillen und allem, was damit zu tun hat, beschäftigt. Als Erstes haben wir uns an ein Thema gewagt, das in Deutschland gerade ganz groß im Kommen ist: Oberhitzegrillen. Mit unserem Produkt haben wir einen Oberhitzegrill mit der Power von 800 Grad Celsius auf den Markt gebracht. In der Zeit habe ich mich, noch mehr als vorher, damit beschäftigt, was man in einem Oberhitzegrill so zubereiten kann.

Zeitgleich kam mir die Idee, dass man doch einfach mal zeigen sollte, was so ein Oberhitzegrill alles kann. Bereits nach einem kurzen Gespräch mit dem Verlag war klar: Das machen wir! Ein Buch mit vielen Rezepten für den Oberhitzegrill, aber auch Rezepte für Dips und Saucen, die man braucht, wenn man etwas aus dem Oberhitzegrill genießen möchte.

Dies war die Anfangsidee und relativ schnell kam mir der Gedanke: Wieso machen wir das alleine? Also habe ich ganz liebe Bloggerfreunde gefragt, ob sie nicht einen Teil dazu beisteuern wollen. Bloggerkollegen, die sich alle mit dem Thema Oberhitzegrill befassen und ihr Gerät immer wieder mit neuer Nahrung füttern.

Das Ergebnis ist dieses Buch! Hier findet ihr insgesamt 69 Rezepte von uns und unseren Freunden. Genau sind das Torsten und Sascha, Maja, Malte, Sascha, Thorsten (ja, es gibt hier zweimal T(h)orsten und zwei Saschas), Felix, Heiko sowie Cat und Jörg ... Wer sich genau dahinter verbirgt, seht ihr weiter hinten im Buch. Dort stellen wir jeden Blog und die Personen dahinter vor.

Jetzt wünschen wir euch aber viel Spaß beim Lesen und Nachkochen der Rezepte!

Theres + Benni

# OBERHITZEGRILLEN - WAS IST DAS?

Im Grunde ist es ganz einfach: Beim Oberhitzegrillen kommt die komplette Hitze von oben, und das in geballter Power mit 800 Grad Celsius. Durch diese starke Hitze erzeugt man eine tolle Kruste, ohne das Fleisch zu stark zu garen. Man bekommt Röstaromen, die man sonst in dieser Form nicht erzielt. Anfangs wurde das Grillen mit einer so hohen Hitzeeinwirkung von oben im Grunde nur für Steaks genutzt, um das perfekte Steak zu erhalten, und das klappt mit einem Oberhitzegrill einfach richtig gut.

Dass die Hitze von oben kommt, hat einen großen Vorteil: Kommt die Hitze von unten, tropft das Fett beim Grillen in die Hitzequelle (wie bei jedem normalen Gartengrill). Dies wiederum sorgt dafür, dass PAK (polyzyklische aromatische Kohlenwasserstoffe) erzeugt werden. Diese gelangen übrigens nicht nur beim Verzehr in den Körper, sondern schon vorher, wenn man am Grill steht und den Rauch einatmet. Diese Kohlenwasserstoffe werden vom Umweltbundesamt als krebserregend eingestuft. Wenn wir also mit der Hitze von oben kommen, gehen wir dieser Gefahr aus dem Weg und machen das Ganze ein wenig gesünder.

Jetzt aber zurück zum eigentlichen Grillen. In einem Oberhitzegrill kann man natürlich nicht nur Steaks machen. Auch wenn dies am meisten darin zubereitet wird (zumindest ist es bei uns so), wollen wir zeigen, welche Möglichkeiten es abgesehen davon gibt. Man kann damit nämlich auch wunderbar gratinieren, und dabei ist es egal ob süß oder herzhaft; auch Backen ist hier möglich. Mit einem entsprechenden Pizzastein gelingen perfekte Pizzen oder Flammkuchen. Auch Fisch und Meeresfrüchte werden großartig. Im Grunde sind die Möglichkeiten unendlich, und genau dieses Potenzial wollen wir euch hier in diesem Buch zeigen.

Ihr findet in diesem Buch Steaks, Fleisch, Fisch, Gemüse, Obst, Herzhaftes sowie auch Desserts und alles, was dazugehört. Burger werden übrigens genauso klasse, ebenso wie Sandwiches und selbst Salate und Suppen lassen sich mithilfe des Oberhitzegrills noch verbessern oder verfeinern.

Ein guter Oberhitzegrill ist also nicht nur einfach ein Grill. Er ist eine Steakmaschine, ein Pizzaofen, ein Gratinierofen und zaubert eine tolle Kruste auf all diese Dinge.

# INHALT

# WAS IHR WISSEN SOLLTET!

Wir empfehlen bei der Zubereitung von Fleisch eigentlich immer ein Grill- beziehungsweise Fleischthermometer. Somit kann man fast idiotensicher den perfekten Gargrad treffen. Damit ihr wisst, wo die Temperaturen liegen solltet, hier eine kleine Tabelle:

| | RARE | MEDIUM | WELL DONE (DURCH) |
|---|---|---|---|
| RINDERSTEAK | 45-52 °C | 54-58 °C | AB 60 °C |
| SCHWEINEFILET | / | 61-63 °C | AB 65 °C |
| SCHWEINE-KOTELETT | / | 65 °C | 75 °C |
| HÜHNCHEN | / | / | 80 °C |
| ENTENBRUST | / | 62-65 °C | 70 °C |
| KABELJAU | / | 54 °C (GLASIG) | 60 °C |
| LACHS | / | 57 °C | 60 °C |

# 10 TIPPS & TRICKS ZUM OBERHITZEGRILLEN

### 1. SAFETY FIRST!

Überprüft die Gasverbindung von Schlauch zu Grill, damit kein Gas entweichen kann.

### 2. VERBRENNT EUCH NICHT!

Gerade wenn ihr etwas in einer GN-Form (Gastro-Norm-Form) gratiniert oder den Pizzastein verwendet, denkt immer daran: Wir reden hier über 800 °C und die Sachen sind wirklich verdammt heiß.

### 3. EUER GRILL HAT EINE MENGE DURST!

Denkt immer an ausreichend Wasser in der GN-Schale beziehungsweise Fettauffangschale. Dies kühlt das runtertropfende Fett sicher ab und sorgt dafür, dass sich erst gar nichts davon entzünden kann. Wenn man sich daran hält, kann nichts passieren. Sollte man doch mal nicht aufgepasst haben: Ruhe bewahren und NIEMALS mit Wasser löschen. Am besten einen Feuerlöscher für Fettbrände oder Löschdecken verwenden.

### 4. SCHUBLADE IMMER DRAUSSEN LASSEN!

Also wenn ihr nicht grillt! Beim Aufheizen und auch zwischen dem Grillen immer die Schublade draußen lassen. Zum einen verdampft das Wasser nicht so stark und außerdem bleibt der Rost kalt. Er ist so leichter zu reinigen und es bleibt auch nichts hängen.

### 5. PUDERZUCKER WIRKT WUNDER!

Gerade wenn ihr mageres Fleisch grillt, kommt es vor, dass die Röstaromen nicht so kommen, wie sie sollen – das liegt an der Natur der Sache. Bestäubt euer Steak ganz minimal mit Puderzucker, und das entstehende Karamell tut seinen Job.

### 6. LASST EUER FLEISCH BADEN!

Die Kombination aus Sous-Vide-Garen und einem Oberhitzegrill ist fantastisch. Erst im Vakuumbeutel das Fleisch auf Temperatur bringen und aromatisieren und ihm dann auf dem Oberhitzegrill den letzten Schliff verpassen.

### 7. ES MUSS NICHT IMMER FLEISCH SEIN!

Davon abgesehen, dass Steaks auf einem Oberhitzegrill genial werden, darf es aber auch gerne mal etwas anderes sein: Fisch, Meeresfrüchte oder Gemüse. Champignons werden zum Beispiel sehr aromatisch auf einem Oberhitzegrill.

### 8. QUALITÄT DARF AUCH WAS KOSTEN!

Achtet gerade bei Fleisch auf Qualität. Artgerechte Haltung und Fütterung sorgen nicht nur dafür, dass es dem Tier bis zu seinem letzten Tag gut ging, es spiegelt sich auch im Geschmack und in der Konsistenz wider. Gutes Fleisch hat seinen Preis, aber das sollte es einem auch wert sein. Lieber selten richtig gutes Fleisch als häufig irgendeinen Quatsch, der weder dem Tier gutgetan hat noch uns guttut!

### 9. ÜBUNG MACHT DEN MEISTER!

Auch beim Oberhitzegrillen gilt: Es ist noch kein Meister vom Himmel gefallen. Nehmt euch die Zeit und macht euch mit dem Gerät vertraut. Jedes Stück Fleisch ist anders und da sich je nach Dicke des Steaks auch der Abstand zur Keramik ändert, variiert ebenso die Zubereitungszeit, also wie lange das Fleisch gegrillt werden sollte. Gönnt euch ein gutes Fleischthermometer. Dies macht es euch gerade am Anfang deutlich leichter.

### 10. DIE SACHE MIT DER ZEIT!

Eine Sache ist hier noch wichtig zu erwähnen! Die Zeitangaben können je nach Dicke des Grillguts und auch der Außentemperatur stark abweichen. Deswegen versteht sie bitte nur als Richtwert. Bei minus 2 Grad Celsius Außentemperatur anstatt 30 Grad Celsius können aus 60 Sekunden schnell mal 90 bis 100 Sekunden werden.

Also verlasst euch ein wenig auf euer Gefühl – und jetzt viel Spaß beim Grillen!

# VORSPEISEN & SNACKS

# BRATWURSTSALAT

Bratwurst schmeckt nicht nur als Currywurst oder im Brötchen mit 'nem Schlag Senf oder Ketchup. Man kann daraus auch wunderbar einen leckeren Salat zaubern. Egal ob zum Buffet oder einfach so beim Grillabend: So ein Salat schmeckt einfach gut.

**ZUTATEN:**

- 3 Scheiben Toastbrot
- 2 EL Butter
- 1 rote Paprika
- 2 Frühlingszwiebeln
- 1 Zwiebel
- 4 Bratwürste
- 4 EL Weißweinessig
- 1 EL Honig
- 2 TL Senf
- 4 EL Rapskernöl
- 2 EL Hühnerbrühe
- Salz
- Pfeffer
- 100 g Käsewürfel

**ZUBEREITUNG:**

- Oberhitzegrill auf voller Temperatur vorheizen.
- Toastbrot in Würfel schneiden und mit der Butter in einer Pfanne knusprig ausbacken.
- Paprika in Streifen schneiden, Frühlingszwiebel in kleine Ringe und die Zwiebel schälen und dann in feine Streifen schneiden.
- Bratwürste im Oberhitzegrill von beiden Seiten scharf grillen.
- Aus Weißweinessig, Honig, Senf, Öl und Brühe ein Dressing anrühren und kräftig mit Salz und Pfeffer abschmecken.
- Bratwurst in Scheiben schneiden und mit allen anderen Zutaten zu einem Salat vermengen.

---

Zubereitungszeit: ca. 15 Minuten | Portionen: 4 | Schwierigkeitsgrad: 

Gerne
KOCHEN.de
Thores' & Bennis
FOODBLOG

# CHORIZO-HALLOUMI-SPIESSE MIT BALSAMICO-ZWIEBELN

Für die Spieße habe ich mich für eine getrocknete scharfe Chorizo entschieden, die wunderbar mit frischer Paprika und mildem Halloumi harmoniert. Natürlich funktioniert das Rezept auch mit frischer Chorizo – diese unbedingt etwas dünner schneiden, damit sie auch wirklich gut durchgart. Die Balsamico-Zwiebeln sind eine perfekte mild-süße Ergänzung zu den Spießen. Allerdings ist die Farbe durchaus etwas gewöhnungsbedürftig: Was aussieht wie verbrannt, sind schlicht die in dunklem Balsamico gekochten roten Zwiebeln. Holzspieße bitte mindestens 30 Minuten wässern, damit sie nicht verbrennen.

## ZUTATEN:

**Für die Balsamico-Zwiebeln**

- 2 EL Olivenöl
- 4 rote Zwiebeln (ca. 350 g)
- 2 EL brauner Zucker
- 100 ml Aceto balsamico
- Meersalz
- frisch gemahlener schwarzer Pfeffer

**Für die Spieße**

- 1 TL geräuchertes Paprikapulver
- 2 EL Olivenöl
- 2 EL Zitronensaft
- 1 TL brauner Zucker
- 1 TL grober Steakpfeffer
- 200 g getrocknete Chorizo
- 1 rote Paprikaschote
- 200 g Halloumi
- knuspriges Brot und Zitronenspalten zum Servieren

## ZUBEREITUNG:

- Das Olivenöl in eine Pfanne mit hohem Rand geben und auf mittlere Temperatur vorheizen. Die Zwiebeln schälen und würfeln. Im Olivenöl andünsten, ohne dass die Zwiebeln Farbe annehmen. Den braunen Zucker hinzufügen und leicht karamellisieren lassen, bis er sich aufgelöst hat. Gut verrühren, dann mit dem Aceto balsamico ablöschen und einige Minuten einkochen lassen, bis die Zwiebeln weich sind und eine sirupartige Konsistenz entstanden ist. Mit Salz und Pfeffer abschmecken und abkühlen lassen.

- Aus Paprikapulver, Olivenöl, Zitronensaft, braunem Zucker und Steakpfeffer eine Marinade anrühren.

- Die Chorizo falls nötig pellen und schräg in 2–3 Zentimeter dicke Scheiben schneiden. Die Paprikaschote waschen, vierteln, das Kerngehäuse entfernen und in 4–5 Zentimeter große Stücke schneiden. Den Halloumi in circa 3 Zentimeter große Stücke schneiden. Chorizo, Paprika und Halloumi abwechselnd auf Metallspieße stecken und großzügig mit der Marinade einpinseln.

- Den Oberhitzegrill währenddessen 10 Minuten auf niedrigster Temperatur vorheizen und Wasser in die Fettauffangschale füllen.

- Die Spieße gleichmäßig auf dem Rost verteilen und auf der untersten Ebene pro Seite 2 Minuten braun und knusprig grillen, dann jeweils wenden und auch um 180 Grad drehen, falls sie nicht vollständig unter dem Brenner liegen. Insgesamt etwa 6–7 Minuten rösten, dabei immer wieder kontrollieren.

- Mit den Balsamico-Zwiebeln, Zitronenspalten und knusprigem Brot sofort servieren.

---

Zubereitungszeit: ca. 45 Minuten | Portionen: 4 | Schwierigkeitsgrad: 2 von 5

moey's
kitchen foodblog

Gerne
KOCHEN.de
Thores' & Bennis
FOODBLOG

# CURRYWURST

„Gehste inne Stadt, was macht dich da satt?“ – „‘Ne Currywurst!“ Ein absoluter Klassiker, egal ob bei Jung oder Alt. Auch wenn sich die Menschen aus dem Ruhrpott und die Berliner darüber streiten, wer sie erfunden hat … Eines ist sicher: Sie schmeckt einfach genial!

**ZUTATEN:**

- 150 g Ketchup
- 50 g Tomatenmark
- 50 g Orangensaft
- 1 EL Honig
- 1 TL Gernekochen Universalgewürz
- 1 EL Currypulver
- 4 Bratwürste

**ZUBEREITUNG:**

- Den Oberhitzegrill auf voller Temperatur vorheizen.
- In der Zeit alle Zutaten (außer die Bratwurst) in einem Topf verrühren und leicht köchelnd einkochen.
- Bratwürste von beiden Seiten grillen (unterste Ebene, maximale Hitze).
- Jetzt habt ihr die Wahl: Entweder die Wurst zusammen mit der Sauce servieren und etwas Curry darüberstreuen. Aber was noch besser schmeckt: Wurst in Stücke scheiden, gemeinsam mit der Sauce in eine GN-Schale geben und noch mal kurz im Grill aufbrutzeln lassen. Der Honig und eventuell noch ein wenig Zucker in der Sauce geben dem Ganzen eine leicht karamellige Note.

Zubereitungszeit: ca. 15 Minuten | Portionen: 4 | Schwierigkeitsgrad: 

Felix`
Kochbook

# FELDSALAT MIT ZIEGENKÄSETALERN

Ihr seid auf der Suche nach einer leckeren Vorspeise? Gefunden. Frischer Salat, Apfel, mit Bacon umwickelte Ziegenkäsetaler und ein außergewöhnliches Dressing. Superschnell gemacht und alles andere als langweilig.

### ZUTATEN:

**Für den Salat**

- 200 g Feldsalat
- 1 Apfel
- 50 g Walnusskerne
- 24 Scheiben Bacon
- 12 Ziegenkäsetaler

**Für das Dressing**

- 1 Zwiebel
- 150 g Himbeeren
- Saft von ½ Orange
- 3 EL Apfelessig
- 6 EL Rapsöl
- Salz
- Pfeffer
- Zucker oder Honig

### ZUBEREITUNG:

- Zuerst wascht ihr den Feldsalat und trocknet ihn wieder gründlich ab. Verteilt ihn dann gleichmäßig auf vier tiefe Teller.

- Danach schält ihr den Apfel und viertelt ihn, um die Kerne zu entfernen. Würfelt ihn dann in etwa 1 Zentimeter große Stücke. Diese kommen zum Salat.

- Hackt die Walnusskerne grob mit einem Messer und gebt sie auch dazu. Jetzt bereitet ihr die Ziegenkäsetaler vor. Dafür legt ihr die Bacon-Scheiben vor euch und wickelt jeweils einen Ziegenkäse in zwei Scheiben einmal längs und einmal quer, sodass er gut umschlossen ist. Das eine Ende des Bacons liegt nun an der Unterseite, so verschließt sich die Hülle beim Grillen am besten.

- Als Nächstes bereitet ihr das Dressing zu. Dazu schält ihr die Zwiebeln und hackt sie dann in feine Würfelchen. Die Himbeeren verlesen und anschließend unter fließendem Wasser waschen. Gebt nun die Himbeeren zusammen mit den Zwiebelwürfeln in ein hohes Gefäß und presst den Saft einer halben Orange dazu.

- Fügt anschließend auch den Essig und das Öl hinzu und püriert das Ganze mit einem Pürierstab oder einem Standmixer. Streicht die Masse noch durch ein Sieb und schmeckt mit Salz, Pfeffer und Zucker oder Honig ab. Das Dressing könnt ihr nun schon auf den Salat geben. Etwa 2 Esslöffel pro Teller sollten reichen.

- Nun grillt ihr die Ziegenkäsetaler. Dazu heizt den Oberhitzegrill auf die höchste Stufe vor. Legt alle zwölf Taler auf den Rost und schiebt sie dann auf die oberste Ebene. Nach etwa 1 Minute sind die Taler schön knusprig, dann einmal wenden. Eine weitere Minute, und sie sind fertig. Sie kommen direkt auf die Salatteller.

---

Zubereitungszeit: ca. 20 Minuten | Portionen: 4 | Schwierigkeitsgrad: 

# GEGRILLTER CAMEMBERT MIT CRANBERRY-CHUTNEY

Gegrillter Camembert mit fruchtigem Chutney ist eine gelungene Vorspeise, die sich gut vorbereiten lässt. Für unseren Geschmack ist die Kombination aus knusprig, cremig, salzig und süß einfach perfekt und macht Lust auf mehr.

**ZUTATEN:**

- 200 g Cranberrys
- 1 große reife Birne
- 2 Schalotten
- 3 EL Olivenöl
- 4 EL Weißweinessig
- 4 EL braunen Zucker
- 1 Zweig Rosmarin
- 8 Mini-Camemberts
- 8 Scheiben Bacon

**ZUBEREITUNG:**

- Die Cranberrys verlesen und waschen. Die Birne schälen und in kleine Würfel schneiden. Die Schalotten waschen, schälen und fein hacken.

- Das Olivenöl in einen Topf geben und erhitzen. Die Schalotten darin glasig dünsten.

- Die Cranberrys und Birnenwürfel hinzufügen und 3 Minuten mitdünsten.

- Mit dem Essig ablöschen. Den Zucker und den Rosmarinzweig hinzugeben und 50 Milliliter Wasser angießen.

- Das Chutney bei mittlerer Hitze 15 Minuten einkochen lassen. Dabei hin und wieder umrühren.

- Den Rosmarinzweig entfernen und das Chutney abkühlen lassen.

- Jeweils einen Mini-Camembert mit einer Scheibe Speck umwickeln.

- Die fertig umwickelten Camemberts Im Oberhitzegrill auf der mittleren Ebene bei mittlerer Temperatur circa 8 Minuten grillen und nach der Hälfte der Zeit wenden. Der Speck sollte schön knusprig sein und der Käse leicht aufgebläht.

- Den gegrillten Camembert mit dem Chutney servieren.

---

Zubereitungszeit: ca. 30 Minuten | Portionen: 4 | Schwierigkeitsgrad: 

Felix`
Kochbook
LE CREUSET

# FRANZÖSISCHE ZWIEBELSUPPE

Eine heiße Suppe unter einer knusprigen Käsekruste ist nicht nur im Winter ein absolutes Highlight als Haupt- oder Vorspeise. Dabei hatte die französische Zwiebelsuppe es bei uns nicht leicht. Erst in den 1970er-Jahren gewann sie in Deutschland an Anerkennung, galt Zwiebelsuppe hier doch als Armeleuteessen, und das war nach dem Krieg lange nicht angesagt. Oft wurde die Zwiebelsuppe hierzulande durch Mehlschwitzen, zu scharfe Zwiebeln oder eine zu große Anlehnung an deutsche Gemüsesuppen verhunzt, bis Weißwein und Gemüsezwiebeln sie verfeinerten.

**ZUTATEN:**

- 4 Zwiebeln (ich bevorzuge die süßlichen Gemüsezwiebeln, dann reichen 2–3 Stück)
- 4 Scheiben Vollkorn-Toastbrot
- 100 g kräftiger Käse (Bergkäse oder Gruyère)
- 2 EL Butter
- 100 ml Weißwein
- 1 l Rinderbrühe (für Vegetarier geht auch Gemüsebrühe)
- 2 Stiele frischer Thymian
- Salz
- Pfeffer

**ZUBEREITUNG:**

- Die Zwiebeln schält ihr und schneidet sie in Ringe, die noch nicht einmal allzu fein sein müssen.
- Das Toastbrot schneidet ihr in Form der Suppenterrinen, die ihr zum Überbacken nutzen werdet.
- Den Käse könnt ihr ebenfalls in Form schneiden oder reiben.
- Die Zwiebeln in Butter anschwitzen. Vorsicht! Lasst keine Bräune entstehen, bevor ihr das Ganze mit Weißwein ablöscht.
- Gießt die Flüssigkeit mit Brühe auf und gebt die Thymianzweige dazu. Die Suppe muss 20 Minuten kochen.
- Schmeckt sie mit Salz und Pfeffer ab, bevor ihr sie in vier Terrinen verteilt.
- Auf die Suppe legt ihr die vorbereiteten Toastbrote und Käsescheiben, oder ihr streut den Käse drüber.
- Das Ganze überbackt ihr in nun circa 1,5 Minuten im Oberhitzegrill auf der mittleren Ebene.

---

Zubereitungszeit: ca. 45 Minuten | Portionen: 4 | Schwierigkeitsgrad: 3 von 5

# HAUPT-SPEISEN

# 50-STUNDEN-SCHWEINEBAUCH

Man mag jetzt sagen: Sind die denn bekloppt? Zwei Tage an einem Schweinebauch werkeln?? Ja gut, dieser Einwand ist berechtigt, aber zu unserer Verteidigung muss man sagen: Die grundsätzliche Idee dafür stammt nicht von uns. Im Internet findet man einige Rezepte, die dieselbe Ursprungsidee umsetzen. Wer es jetzt erfunden hat? Keine Ahnung! Wir haben uns vier Varianten überlegt und letztlich ist es diese geworden und wir waren begeistert. Selbst Frau Gernekochen, die sonst kein großer Freund von Schweinebauch ist, konnte nicht die Finger davon lassen. Und das heißt schon was. Das liegt daran, dass der Schweinebauch eine völlig andere Konsistenz bekommt, als man es sonst kennt. Ihr braucht dafür lediglich einen Sous-Vide-Garer und einen Oberhitzegrill, und der Rest ist quasi kinderleicht ...

**ZUTATEN:**

- 40 g Salz
- 60 g Zucker
- 1 l Wasser
- 1 TL Andaliman-Pfeffer (zur Not durch Piment ersetzen, der Geschmack ist jedoch anders)
- 500 g Schweinebauch ohne Knochen, aber mit Schwarte
- 4 EL Barbecuesauce

**ZUBEREITUNG:**

- Salz, Zucker, Wasser und Andaliman-Pfeffer zusammen aufkochen.

- Alles abkühlen lassen und den Schweinebauch in die Lake geben. Am besten in einer verschließbaren Dose in den Kühlschrank legen.

- Nach 24 Stunden das Fleisch aus der Lake holen und mit Küchenpapier trocken tupfen.

- Schweinebauch einvakuumieren und für 24 Stunden im Sous-Vide-Bad bei 64 °C baden lassen.

- Oberhitzegrill bei voller Leistung 15 Minuten vorheizen.

- Das Fleisch aus dem Beutel nehmen, Schwarte entfernen, Schweinebauch mit der Barbecuesauce einpinseln und dann von allen vier Seiten jeweils circa 70 Sekunden bei voller Leistung auf mittlerer Höhe grillen.

---

Zubereitungszeit: ca. 50 Stunden | Portionen: 2 | Schwierigkeitsgrad: 4 von 5

Gerne
KOCHEN.de
Thores' & Bennis
FOODBLOG

# CHEDDAR-BACON-KARTOFFELN VOM GRILL

Ich liebe gute Ofenkartoffeln! Besonders wenn sie auf dem Oberhitzegrill veredelt werden. Cheddar und Bacon sorgen für die spezielle Würze.

**ZUTATEN:**

- 4 große Ofenkartoffeln (je ca. 250 g)
- 120 g Cheddar, gerieben
- 75 g Crème fraîche
- 50 g weiche Butter
- 2 Frühlingszwiebeln
- 6 Scheiben Bacon (ca. 100 g)
- Meersalz
- frisch gemahlener schwarzer Pfeffer
- Schnittlauchröllchen zum Garnieren

**ZUBEREITUNG:**

- Den Backofen auf 180 °C Ober- und Unterhitze vorheizen. Die Kartoffeln gründlich waschen und abbürsten, dann trocken tupfen. Mehrfach mit einer Gabel oder einer Rouladennadel rundherum einpiksen. Auf den Backofenrost legen und im vorgeheizten Ofen 1 Stunde garen, bis die Kartoffeln gar sind. Falls nötig, die Backzeit um 10–15 Minuten verlängern.

- Die gegarten Kartoffeln 10 Minuten auf einem Gitter auskühlen lassen, dann längs halbieren und vorsichtig mit einem Teelöffel das Innere der Kartoffel aus der Schale kratzen. Die Schale soll dabei intakt bleiben. Die Kartoffelmasse in eine Schüssel geben.

- Den Oberhitzegrill 10 Minuten auf mittlere Temperatur vorheizen. Die Fettauffangschale mit Wasser füllen.

- Die Hälfte des Cheddars, die Crème fraîche und die Butter mit einer Gabel unter die Kartoffelmasse rühren. Frühlingszwiebeln putzen, die Wurzelenden abschneiden und nur den weißen und hellgrünen Teil in dünne Ringe schneiden. Mit unter die Kartoffelmasse heben.

- Die ausgekratzten Kartoffelschalen auf dem Grillrost 1 Minute lang auf der untersten Ebene knusprig rösten. Dann hält die Füllung später besser.

- Den Bacon in eine Gastroschale geben und auf der untersten Ebene in etwa 2–3 Minuten knusprig braten, dabei einmal wenden. Den Bacon auf Küchenpapier abtropfen lassen, dann zerbröseln und die Hälfte mit unter die Kartoffelmasse mischen. Mit wenig Salz und Pfeffer abschmecken.

- Die vorbereitete Kartoffelmasse in die ausgehöhlten Kartoffelschalen verteilen und glatt drücken. Mit dem restlichen Käse bestreuen und auf dem Rost des Grills auf der untersten Ebene noch mal 2–3 Minuten goldbraun und knusprig überbacken.

- Mit dem restlichen Bacon und den Schnittlauchröllchen bestreuen und sofort servieren.

---

Zubereitungszeit: ca. 1 Stunde 30 Minuten | Portionen: 4 | Schwierigkeitsgrad: 

moey's
kitchen foodblog

# DRY AGED SCHWEINE-KOTELETT MIT PORTWEINSCHALOTTEN

Habt ihr Portweinschalotten schon mal probiert? Wir haben sie vor zwei oder drei Jahren das erste Mal für ein Sandwich gemacht und mittlerweile sind sie bei uns ein echter Klassiker geworden. Egal ob auf einem Sandwich, einem Burger oder auch einfach zum Steak: Sie sind wirklich megalecker und schmecken eigentlich immer.

**ZUTATEN:**

- 8 Schalotten
- 20 g Butter
- ½ TL Thymian
- ½ TL Majoran
- 30 g brauner Zucker
- 100 ml roter Portwein
- Salz
- Pfeffer
- Rotweinessig
- 1 großes oder 2 normale Schweinekoteletts

**ZUBEREITUNG:**

- Oberhitzegrill auf die höchste Temperatur vorheizen.

- Die Schalotten schälen und vierteln.

- Butter in einem Topf zerlassen und die Spalten darin glasig andünsten und die Gewürze unterrühren.

- Nehmt einen anderen Topf und erhitzt darin den Zucker zusammen mit einem Schuss Wasser. Lasst dies aufkochen und den Zucker karamellisieren.

- Mit dem Portwein ablöschen. Auf die Hälfte reduzieren lassen und dann die Zwiebeln dazugeben.

- So lange kochen lassen, bis die Flüssigkeit verkocht ist und die Zwiebeln schön ummantelt sind. Mit Salz, Pfeffer und dem Rotweinessig abschmecken.

- Koteletts auf der höchsten Temperatur und auf der obersten Ebene je nach Dicke von jeder Seite circa 2 Minuten grillen.

- Danach auf circa 65 °C Kerntemperatur ziehen lassen (Backofen bei 100 °C oder im Grill ganz unten auf kleinster Temperatur.

- Kotelett auf den Portweinschalotten servieren.

---

Zubereitungszeit: ca. 15 Minuten | Portionen: 2 | Schwierigkeitsgrad: 

Gerne KOCHEN.de
Theres' & Bennis FOODBLOG

DIE JUNGS
kochen und backen

# ENTENBRUST MIT ORANGEN-WHISKY-SAUCE

Wir sind große Fans von Entenbrust, denn für Geflügel ist sie unglaublich aromatisch im Geschmack. Daher verträgt sie auch einen kräftigen Begleiter wie zum Beispiel Whisky, aber auch die feine Süße und Säure der Orange stehen ihr ausgezeichnet. Dieses Gericht machen wir sehr gerne, wenn Gäste vorbeikommen, die bisher alle begeistert waren.

**ZUTATEN:**

- 1 kleine Zwiebel
- 1 Knoblauchzehe
- 1 TL brauner Zucker
- etwas Olivenöl
- 2 Orangen
- 1 EL Whisky
- Salz
- Pfeffer
- 500 g Entenbrust

**ZUBEREITUNG:**

- Würfelt die Zwiebel und den Knoblauch und gebt sie mit dem braunen Zucker in eine heiße Pfanne mit etwas Olivenöl. Bratet das Ganze, bis die Zwiebeln schön glasig sind.

- Presst die beiden Orangen aus und gebt den Saft davon in die Pfanne. Fügt nun noch den Whisky hinzu und schmeckt die Sauce mit Salz und Pfeffer ab und lasst sie bei kleiner Hitze ziehen.

- Salzt und pfeffert die Entenbrust und grillt sie zuerst circa 10 Minuten auf der Hautseite bei geringster Hitze und auf der untersten Ebene an und dann nochmals mit der Hautseite nach oben für circa 5 Minuten. Nutzt am besten ein Fleischthermometer – die Entenbrust sollte eine Kerntemperatur von 62 °C haben. Ist diese noch nicht erreicht, gebt die Entenbrust bei 100 °C Ober-/Unterhitze in den Ofen, bis sie die gewünschte Temperatur erreicht hat.

- Schneidet nun die Brust in Tranchen und verteilt die Orangen-Whisky-Sauce darüber.

Zubereitungszeit: ca. 40 Minuten | Portionen: 4 | Schwierigkeitsgrad: 

Gerne
KOCHEN.de
Theres' & Bennis
FOODBLOG

# FILETSTEAK MIT PARMESAN-HONIG-SENF-KRUSTE

Früher war Rinderfilet bei uns zu Hause das große Heiligtum. Meist gab es dies zu besonderen Anlässen und gekauft wurde es fast immer beim Großhandel. Durch die Vielzahl an Cuts gerät das Rinderfilet gerade ein wenig in Vergessenheit und wird durch Hanging Tender, Flanksteak, Rib-Eye, Flap-Steak und so weiter nach hinten gedrängt. Völlig zu Unrecht. Für mich ist ein Rinderfilet noch immer was Besonderes, über das ich mich sehr freuen kann. Es ist einfach unglaublich zart und lecker. Darauf dann die Parmesan-Honig-Senf-Kruste und vielleicht noch ein Kartoffelpüree mit Trüffeln, und ich bin mehr als glücklich.

**ZUTATEN:**

- 2 Rinderfiletsteaks à 250 g
- Salz
- 2 Scheiben Sandwichbrot
- 2 EL Honig
- 15 g Parmesan (frisch gerieben)
- 2 EL scharfer Senf
- 1 Schalotte
- 1 Knoblauchzehe
- 1 EL Weißwein
- Pfeffer
- 1 EL Puderzucker

**ZUBEREITUNG:**

- Den Oberhitzegrill auf die höchste Temperatur vorheizen.

- Steak abtupfen und von beider Seiten salzen.

- Alle anderen Zutaten – bis auf den Puderzucker – in einer Küchenmaschine zu einer Masse verarbeiten und mit Salz und Pfeffer würzen.

- Steaks erneut abtupfen.

- Den Puderzucker dünn auf Ober- und Unterseite der Steaks verteilen.

- Die Steaks auf der obersten Ebene von jeder Seite knapp 90 Sekunden grillen.

- Die Temperatur ganz nach unten regeln und die Steaks nun auf die unterste Ebene schieben.

- Die Toastbrotmasse auf den Steaks verteilen und andrücken.

- Die Steaks nun für circa 60 Sekunden gratinieren.

**Dazu passt wunderbar das Kartoffelpüree mit Trüffelbutter von Seite 122.**

Zubereitungszeit: ca. 10 Minuten | Portionen: 2 | Schwierigkeitsgrad: 

# FLAMMLACHS MIT GURKEN-SALAT UND PITA-BROT

Richtiger Flammlachs wird eigentlich über offenem Feuer auf einer Holzplanke unter freiem Himmel zubereitet. Aber nicht immer hat man die Möglichkeit oder die Zeit dazu und somit schaffen 900 Grad Oberhitze eine super Alternative, um den Flammlachs auch mit dem Grill zuzubereiten. Dazu gibt es nordisches Fladenbrot und einen kleinen, klassischen Gurkensalat.

**ZUTATEN:**

- 4 Stücke Lachs mit Haut
- grobes Salz

**Für den Gurkensalat**

- 1 Gurke
- 6 EL Rapsöl
- 2 EL Apfelessig
- ½ TL Zucker
- Salz
- Pfeffer
- 1 Bund frischer Dill

**Für das Pita-Brot siehe Rezept auf Seite 127**

**ZUBEREITUNG:**

- Etwa 2 Stunden bevor ihr mit dem Kochen anfangt, legt ihr den Lachs aus dem Kühlschrank, tupft ihn mit Küchenrolle etwas ab und streut grobes Salz auf die Fleischseite. Stellt ihn beiseite, sodass er Zimmertemperatur annimmt.

- Für den Gurkensalat halbiert ihr die Gurke und entfernt die Kerne. Dann die Gurkenhälften in Scheiben schneiden.

- Rührt aus Öl, Essig und Zucker eine Salatsoße an und schmeckt sie mit Salz und Pfeffer ab. Die Soße über die Gurkenscheiben geben. Zupft den Dill vom Stil, hackt ihn grob und gebt ihn zum Salat.

- Macht jetzt den Oberhitzegrill an und stellt ihn auf maximale Hitze. Legt den Lachs mit der Fleischseite nach oben auf den Rost und schiebt ihn auf der mittleren Ebene in den Grill. Grillt ihn etwa 2 Minuten kross an. Anschließend dreht ihr den Fisch um, reduziert die Hitze, sodass der Grill nur noch auf Minimaltemperatur läuft, und schiebt den Rost auf die unterste Ebene. So lasst ihr den Lachs noch etwa 6 Minuten gar ziehen, bis er etwa 57 Grad Kerntemperatur erreicht hat. Die richtige Temperatur erkennt man daran, dass Eiweiß aus dem Fisch heraustritt. Dabei macht es nichts, wenn die Lachshaut etwas schwarz wird. Sie schützt den Fisch und wird nicht mitgegessen.

- Richtet jeweils einen Lachs, ein Pita-Brot und etwas Gurkensalat auf vier Tellern an.

---

Zubereitungszeit: ca. 60 Minuten | Portionen: 4 | Schwierigkeitsgrad: 3 von 5

Felix
Kochbook

# ENTENBRUST AUF ROTE-BETE-SALAT

Wir sind der Meinung, dass man Ente nicht nur zu Weihnachten essen sollte. Dazu muss es nicht immer Rotkohl sein. Ein feiner roter Salat mit Rote Bete ist eine wunderbare Alternative.

**ZUTATEN:**

- 2 Stücke Entenbrust à 350 g
- 2 Zweige Thymian
- 2 Zweige Rosmarin
- 2 EL Butter
- 500 g festkochende Kartoffeln
- ½ Zwiebel
- 5 Cornichons
- 500 g Rote Bete (vorgegart)
- 1 Dose Erbsen-Möhren-Mix (Abtropfgewicht 130 g)
- 5 EL Sonnenblumenöl (nach Geschmack)
- Pfeffer
- Salz

**ZUBEREITUNG:**

- Die Entenbrust abwaschen, trocken tupfen und überschüssiges Fett entfernen. Die Entenbrust in Vakuumbeutel legen, jeweils 1 Zweig Thymian, Rosmarin und 1 Esslöffel Butter dazugeben. Bei 57 °C Sous Vide für 1 Stunde garen.

- In der Zwischenzeit machen wir den Salat: Die Kartoffeln als Pellkartoffeln kochen, bis sie gar sind, abkühlen lassen. Zwiebeln und Gurken fein würfeln. Kartoffeln pellen und in gleich große Würfel wie die Rote Bete würfeln (circa 0,5 Millimeter).

- Die Erbsen und Möhren abtropfen lassen. Möhren auf Erbsengroße schneiden. Mit der Hälfte der Erbsen vermengen und mit Zwiebeln, Gurken, den Kartoffeln sowie der Roten Bete vermischen. Mit Öl, Pfeffer und Salz abschmecken.

- Den Oberhitzegrill auf mittlere Temperatur erhitzen. Die Entenbrust aus dem Vakuumbeutel entnehmen und trocken tupfen. Die Haut mit einem scharfen Messer rautenförmig einschneiden.

- Die Entenbrust in den Oberhitzegrill schieben und so lange erhitzen, bis die Haut kross ist, im Anschluss die Brust aufschneiden und auf dem Salat anrichten.

---

Zubereitungszeit: ca. 60 Minuten | Portionen: 4 | Schwierigkeitsgrad: 

Mr.Nicefood
www.mrnicefood.de

Gerne
KOCHEN.de
Theres' & Bennis
FOODBLOG

# GEGRILLTER LANGUSTEN-SCHWANZ MIT SALAMI-SAUCE

Ein Besuch in einem kleinen Restaurant in Nancy hat mir ein kulinarisches Highlight beschert: Hummerscheren mit Chorizoschaum. Diese Kombination war so unglaublich lecker, dass ich für das Buch etwas in diese Richtung machen wollte. Voilà: gegrillter Langustenschwanz mit Salami-Sauce.

**ZUTATEN:**

- 1 Schalotte
- 1 Knoblauchzehe
- 50 g kräftige Salami
- 100 ml Noilly Prat
- 200 ml Hühnerbrühe
- 200 ml Sahne
- 1 Langustenschwanz
- Salz
- Pfeffer

**ZUBEREITUNG:**

- Schalotte und Knoblauch schälen und fein würfeln, die Salami ebenfalls fein würfeln.

- Salami in eine kalte Pfanne geben und bei mittlerer Hitze langsam ausbraten, damit das Fett hinausläuft, dann die Schalotte und den Knoblauch dazugeben.

- Circa 2 Minuten anschwitzen und mit dem Noilly Prat und der Hühnerbrühe ablöschen.

- Den Oberhitzegrill auf die höchste Temperatur vorheizen.

- Sobald die Flüssigkeit etwa zur Hälfte reduziert ist, die Sahne dazugeben und die Hitze auf circa ⅓ stellen. Gelegentlich rühren und darauf achten, dass die Sahne nicht köchelt. Sobald die Sauce schön sämig ist, die Pfanne vom Herd nehmen.

- Den Langustenschwanz mit einem Messer halbieren, für den Panzer könnt ihr es auch mit einer Geflügelschere versuchen, abtupfen und die Schnittflächen salzen.

- Die Langustenschwanz-Stücke mit der Schnittfläche nach unten 4 Minuten auf der untersten Ebene und mittlerer Hitze grillen. Bitte dies nur als ungefähren Wert nehmen, da hier 0,5 Zentimeter in der Höhe schon einen Unterschied von 1–2 Minuten ausmachen kann. Sobald der Panzer rot verfärbt ist und die eine oder andere Stelle schon schwarz, ist er fertig.

- Einmal wenden und für 3 Minuten auf der untersten Höhe grillen.

- Noch einmal mit Salz und Pfeffer abschmecken. Gemeinsam mit der Sauce servieren. Dazu passen wunderbar ganz einfache Pommes, Reis oder auch Kartoffeln.

---

Zubereitungszeit: ca. 10 Minuten | Portionen: 2 | Schwierigkeitsgrad: 

Küstenglut
BARBECUE

# GESPIESSTES LAMMFILET MIT ROSMARINKARTOFFELN

Lammfilets mag eigentlich jeder, der sie mal probiert hat. Und gemeinsam mit den Rosmarinkartoffeln sind sie einfach unschlagbar gut.

**ZUTATEN:**

- ca. 350 g Kartoffeln (Drillinge)
- Salz
- 1 EL Rosmarin, grob gehackt
- 1 Knoblauchzehe
- etwas Salz zum Kochen der Kartoffeln + 1 TL Salz
- 4 EL gutes Rapsöl
- 1 TL Pfeffermischung
- ½ TL Madras-Curry
- ½ TL geräuchertes Paprikapulver
- 4 Lammfilets, je ca. 100 g

**Außerdem**

- 1 Bogen Backpapier
- 1 flache feuerfeste Schale
- 4 Spieße (Richtig gut sehen Spieße aus Rosmarinzweigen aus. Allerdings muss man dann aufpassen, dass die Nadeln nicht beim Rösten Feuer fangen.)

**ZUBEREITUNG:**

- Die abgebürsteten Drillinge in Salzwasser gar kochen, abkühlen lassen und in Scheiben von circa 0,5 Zentimeter schneiden.

- Rosmarin grob mit dem Messer hacken und die Knoblauchzehe pressen. 2 Esslöffel Öl in die feuerfeste Schale geben und Rosmarin und Knoblauch darin vermengen. Dann die Kartoffeln in dem Öl wenden.

- Gebt 1 Esslöffel Öl auf das Backpapier und verteilt es. Dann streut den Pfeffer, das Curry- und das Paprikapulver über das Backpapier, sodass es sich mit dem Öl vermischen kann.

- Die parierten Lammfilets mit einem Papiertuch trocken tupfen und mit dem restlichen Öl dünn bestreichen. Mit 1 Teelöffel Salz bestreuen.

- Den Oberhitzegrill vorheizen. Auf höchste Leistung einstellen und die Schublade auf die oberste Position einstellen. Nach 10 Minuten Vorheizen die Lammfilets von jeder Seite 2 Minuten rösten. Das dünnere Ende zeigt dabei zum Griff der Schublade.

- Die Lammfilets in die Mitte des gewürzten Backpapiers geben und dieses so umschlagen, dass die Lammfilets in den Gewürzen ruhen können.

- In der Zwischenzeit die Kartoffeln rösten. Dazu die Schublade auf die mittlere Position einstellen und die feuerfeste Schale mit den Kartoffeln darauf platzieren. Nach 3 Minuten die Schale mit Ofenhandschuhen kurz schütteln, die Kartoffeln gegebenenfalls wenden und noch einmal 2 Minuten rösten.

- Zusammen mit den Lammfilets servieren.

---

Zubereitungszeit: ca. 60 Minuten | Portionen: 2 | Schwierigkeitsgrad: 

# RUMPSTEAK MIT GORGONZOLASAUCE

Bei Gorgonzola scheiden sich ja die Geister. Die einen hassen ihn und die anderen lieben ihn einfach. Theres und ich gehören beide zu der zweiten Fraktion und können davon eigentlich nicht genug bekommen. Zu Gnocchi oder generell auch zu Pasta zaubern wir mit Gorgonzola immer eine tolle und schnelle Sauce. Aber auch zu Hähnchen oder Steak schmeckt sie super. Probiert es einfach mal aus.

**ZUTATEN:**

- 150 ml Geflügelfond
- 140 g Gorgonzola
- 30 g Parmesan
- 50 ml Weißwein
- 200 g Crème fraîche
- 1 TL Oregano
- Salz
- Pfeffer
- 4 TL Zucker
- 400 g Rumpsteak

**ZUBEREITUNG:**

- Den Oberhitzegrill auf die höchste Temperatur vorheizen.

- Geflügelfond zum Köcheln bringen, dann den Herd auf die mittlere Stufe stellen.

- Den Gorgonzola hineinrühren und den Parmesan hineinreiben.

- Weißwein und Creme fraîche dazugeben, ebenso den Oregano hineingeben und nicht mehr kochen lassen, dafür stetig rühren.

- Mit Salz, Pfeffer und dem Zucker abschmecken. Wer mag, kann die Sauce noch pürieren und dann einfach auf kleinster Hitze warm halten.

- Rumpsteak auf höchster Ebene von jeder Seite knapp 100 Sekunden grillen, dann (für medium) auf 52 °C Kerntemperatur ziehen lassen (im Ofen bei 80 °C oder in einer GN-Schale auf dem Oberhitzegrill). Danach noch mal von jeder Seite knapp 30 Sekunden angrillen.

- Mit Kroketten oder Pommes servieren.

Zubereitungszeit: ca. 10 Minuten | Portionen: 2 | Schwierigkeitsgrad: 

Gerne
KOCHEN.de
Theres' & Bennis
FOODBLOG

# PUTEN-SCHASCHLIKSPIESSE

Ein Klassiker unter den Grillgerichten ist der Schaschlikspieß: einfach in der Zubereitung, überragend im Geschmack. Vor allem, wenn man sich dazu noch eine eigene Gewürzmischung zaubert, die den Geschmack weiter steigert. Diese Variante ist mit Putenfleisch gemacht. Das Fleisch gart schnell im Oberhitzegrill und bleibt dabei besonders zart. Wenn ihr einen Mörser besitzt, verwendet so viele Gewürze wie möglich im Ganzen und mörsert sie erst kurz vorher. So entfalten sie am besten ihren vollen Geschmack.

## ZUTATEN:

**Für die Gewürzmischung**

- 5 TL Paprikapulver edelsüß
- 3 TL Curry
- 1 TL Koriandersamen, ganz oder gemahlen
- 1 TL Knoblauchpulver
- 3 TL Zwiebelpulver
- 1 TL Pfeffer
- 1 TL grobes Salz
- 3 TL getrocknetes Basilikum
- 1 TL Senfsamen

**Für die Spieße**

- 3 EL Öl
- 300 g Putengulasch
- 1 rote Paprika
- 1 gelbe Paprika
- 2 große rote Zwiebeln

**Außerdem**

- Schaschlikspieße

## ZUBEREITUNG:

- Gebt zunächst alle gemahlenen Gewürze in eine mittelgroße Schüssel und die ungemahlenen Gewürzzutaten wie Senf, Koriander und Salz in einen Mörser. Mörsert die Gewürze so lange, bis sie ziemlich fein sind, gebt sie zu den anderen in die Schüssel und mischt sie gut durch. Falls ihr nur Pulvergewürze verwendet, diese einfach alle in eine Schüssel geben und gut mischen.

- Gießt das Öl hinzu und vermengt alles mit dem Putengulasch.

- Paprika waschen, halbieren, Kerne entfernen und in grobe Stücke schneiden, die Zwiebeln schälen, halbieren und in ihre einzelnen Schichten zerlegen.

- Steckt jetzt abwechselnd Zwiebel, rote und gelbe Paprika und Fleisch auf die Spieße.

- Heizt den Oberhitzegrill auf mittlere Hitze vor und stellt den Rost auf die unterste Ebene.

- Legt dann die Spieße auf den Rost und grillt alle vier Seiten circa 3 Minuten, bis das Fleisch gar ist. Dazu passt eine leckere Barbecuesauce.

Zubereitungszeit: ca. 45 Minuten | Portionen: 4 | Schwierigkeitsgrad: 

Felix Kochbook

Gerne KOCHEN.de
Thores' & Bennis
FOODBLOG

# SCHWEINEKOTELETTS IN MISO-MARINADE

Natürlich eignet sich ein Oberhitzegrill nicht nur perfekt für Steaks oder zum Gratinieren. Auch ein leckeres Kotelett lässt sich darauf wunderbar zubereiten und in dieser asiatischen Variante ist es ein kleines Umami-Wunder. Einfach in der Zubereitung und unglaublich lecker.

**ZUTATEN:**

- 3 Schweinekoteletts
- 100 g Miso-Paste
- 3 EL Wasser
- 2 EL Sojasauce
- 1 TL Sesamöl
- 2 EL Mirin

**ZUBEREITUNG:**

- Bis auf die Koteletts alle Zutaten zu einer Marinade vermischen und dann die Koteletts darin mindestens 1 Stunde lang marinieren, am besten sogar über Nacht.

- Den Oberhitzegrill auf volle Temperatur vorheizen.

- Die Koteletts auf der untersten Ebene für circa 3 Minuten von jeder Seite grillen.

- Dazu passt zum Beispiel ein leckerer Salat oder auch ein Kartoffelpüree mit Wasabi.

Zubereitungszeit: ca. 15 Minuten | Portionen: 3 | Schwierigkeitsgrad: 

Gerne KOCHEN.de
Theres' & Bennis
FOODBLOG

# TACOS MIT STEAKSTREIFEN

Wenn man eine schnelle Mahlzeit braucht und das Steak nicht allein essen möchte, bieten sich solche Taco-Shells an. Man kann hier nach Herzenslust variieren und draufpacken, was einem schmeckt, ohne Rücksicht auf Verluste! Ein toller und einfacher Snack, der Lust auf mehr macht. Anstatt mit Steak, kann man die Shells auch mit Hühnchen oder Hackfleisch füllen. Im Grunde sind der Fantasie hier keine Grenzen gesetzt.

**ZUTATEN:**

- 1 Avocado
- 1 Römersalatherz
- 1 Zwiebel
- 1 Tomate
- 1 Rumpsteak
- 8 Taco-Shells
- 8 EL Salsa
- 8 TL Crème fraîche
- 8 TL Cheddar, gerieben
- Salz
- Pfeffer

**ZUBEREITUNG:**

- Den Oberhitzegrill auf volle Temperatur vorheizen.

- Die Avocado halbieren, den Kern entfernen, das Fruchtfleisch in Scheiben schneiden und die Schale entfernen.

- Das Römersalatherz und die Zwiebel in dünne Streifen schneiden und die Tomaten würfeln.

- Das Steak auf der obersten Ebene, je nach Größe, von jeder Seite 90 Sekunden grillen und 10 Minuten im Backofen bei 80 °C ruhen lassen.

- Die Taco-Shells füllen: erst die Salatherzen hinein, dann Tomaten, Zwiebel, Avocado, Salsa, Crème fraîche und Cheddar.

- Das Steak in Tranchen schneiden und in die Shells legen, mit Salz und Pfeffer würzen.

---

Zubereitungszeit: ca. 20 Minuten | Portionen: 4 | Schwierigkeitsgrad: 

# T-BONE-STEAK MIT CHIMICHURRI

Ich empfehle für das Steak eine Kerntemperatur zwischen 54 und 58 °C. Wer genügend Zeit übrig hat, gart das Steak nach dem Beefen bei niedrigen 100 °C im Backofen auf die gewünschte Kerntemperatur. Die Chimichurri-Sauce hält sich im Kühlschrank gut verschlossen und mit Olivenöl bedeckt mindestens zwei Wochen.

**ZUTATEN:**

- 50 g Petersilie
- 25 g Minze
- 25 g Basilikum
- ½ rote Zwiebel
- 3 Knoblauchzehen
- 1–2 kleine rote Chili
- 3 EL Rotweinessig
- 250 ml mildes Olivenöl
- 1 gute Prise Zucker
- frisch gemahlener schwarzer Pfeffer
- Salz
- 1 T-Bone-Steak à 800 g
- etwas grober Steakpfeffer

**ZUBEREITUNG:**

- Für das Chimichurri die Petersilien-, Minze- und Basilikumblätter mittelfein hacken und die rote Zwiebel, den Knoblauch und die Chili fein würfeln. Die Zutaten in eine Schüssel geben und mit dem Rotweinessig und dem Olivenöl vermischen.

- Das Chimichurri mit einer guten Prise Zucker, Pfeffer und Salz abschmecken und 15 Minuten beiseitestellen. Wenn nötig, danach noch einmal mit Salz und Pfeffer abschmecken.

- Das T-Bone-Steak 2 Stunden vor dem Beefen aus dem Kühlschrank nehmen, salzen und bei Zimmertemperatur abgedeckt liegen lassen.

- Den Oberhitzegrill auf die höchste Temperatur 10–15 Minuten vorheizen. Die ausgetretene Feuchtigkeit auf dem T-Bone-Steak mit Küchenpapier abtupfen und das T-Bone-Steak auf der höchsten Ebene, so nah wie möglich am Brenner, von beiden Seiten für circa 45 Sekunden beefen, bis eine schöne gleichmäßige Kruste entstanden ist.

- Den Oberhitzegrill auf die kleinste Stufe regulieren und das T-Bone-Steak auf der untersten Ebene, so weit wie möglich vom Brenner entfernt, auf die gewünschte Kerntemperatur bringen und gar ziehen lassen. Alternativ das Steak im Backofen bei 100 °C gar ziehen lassen, bis es die gewünschte Kerntemperatur erreicht hat.

- Das T-Bone-Steak nach Erreichen der Kerntemperatur 10 Minuten ruhen lassen und mit grobem Steakpfeffer sowie der Chimichurri-Sauce servieren.

---

Zubereitungszeit: ca. 40 Minuten | Portionen: 2 | Schwierigkeitsgrad: 

SEIT 2012
MALTESKITCHEN

# FISCH & MEERES-FRÜCHTE

# GAMBAS DE LUXE

Gambas müssen nicht immer triefend vor Fett zubereitet werden, nein, auch auf dem Oberhitzegrill gelingen sie perfekt. Zusammen mit dem einfachen und leckeren Aioli hast du am Schluss eine geniale Kombination und ein fantastisches, schnell zubereitetes Gericht.

**ZUTATEN:**

- 500 g frische Gambas aus bester Zucht
- 4 Knoblauchzehen
- 2 EL Öl
- grobes Salz
- Saft von ½ Zitrone
- 100 g Mayonnaise
- 100 g Schmand
- 100 g Sahne
- 1 TL Kresse (optional)
- 1 schwarze Herbst-Trüffel

**Außerdem**

- Holzspieße

**ZUBEREITUNG:**

- Die Gambas am Rücken einschneiden und den Darm entfernen. Wenn vorhanden, die Fühler (Antennen) abschneiden. Die Knoblauchzehen klein hacken. Die Hälfte des Knoblauchs in eine Schüssel geben, mit Öl, Salz und Zitronensaft vermischen und für circa 2 Stunden im Kühlschrank ziehen lassen.

- In der Zwischenzeit bereiten wir das leichteste Aioli überhaupt zu; ihr werdet sehen, es ist superlecker. Mayonnaise, Schmand, Sahne und den restlichen Knoblauch vermischen und für 2 Stunden kalt stellen. Wer mag, gibt Kresse dazu. Es sind keine weiteren Gewürze vonnöten, probiert es aus.

- Den Oberhitzegrill auf die kleinste Hitze einregeln. Holzspieße wässern und die Gambas aufstecken, circa fünf Stück passen perfekt. Im Anschluss die Gambas von beiden Seiten unter dem Oberhitzegrill garen, dabei mehrfach wenden. Die Gambas auf einem Teller anrichten und die Trüffel darüberraspeln.

Zubereitungszeit: ca. 20 Minuten / 2 Stunden Vorbereitung | Portionen: 2 | Schwierigkeitsgrad: 

Mr.Nicefood
www.mrnicefood.de

# GEGRILLTE GARNELEN MIT CHILI-KNOBLAUCH-MAYONNAISE

Garnelen vom Grill gehen einfach immer! Egal ob nur mit Knoblauch-Öl und Salz oder mit einer leckeren Cocktailsauce, beides weiß zu überzeugen. Aber das Ganze erreicht gemeinsam mit unserer Chili-Knoblauch-Mayonnaise noch mal ein anderes Level. Die Mayonnaise passt nicht nur zu Garnelen, sondern generell zu hellem Fleisch, als Grundlage für einen Burger oder ein Sandwich, ach, was sage ich ... sie schmeckt immer!

**ZUTATEN:**

- 300 g Garnelen mit Schale
- 1 Knoblauchzehe
- 150 g Mayonnaise
- 50 g Frischkäse
- 80 g Sweet-Chili-Sauce
- 1 TL Paprikapulver edelsüß
- 1 Spritzer Tabasco
- Salz
- Pfeffer

**ZUBEREITUNG:**

- Den Oberhitzegrill auf voller Temperatur vorheizen.
- Wenn sie nicht küchenfertig sind, den Darm der Garnelen entfernen.
- Knoblauch schälen und in feine Würfel schneiden oder pressen.
- Alle Zutaten bis auf die Garnelen mit einem Schneebesen vermischen und mit Salz und Pfeffer abschmecken.
- Die Garnelen im Grill von jeder Seite auf der obersten Ebene und bei maximaler Hitze für knapp 2 Minuten je Seite grillen.
- Die Garnelen zusammen mit der Mayonnaise servieren.

Zubereitungszeit: ca. 10 Minuten | Portionen: 2 | Schwierigkeitsgrad:

Gerne
KOCHEN.de
Theres' & Bennis
FOODBLOG

moey's
kitchen foodblog

# GEGRILLTE SARDINEN MIT GERÖSTETEM BROT & ZITRONEN-AIOLI

Frischer Fisch vom Oberhitzegrill ist eine Wucht! Für die Crostinis habe ich frische Sardinenfilets verwendet, tiefgekühlte gehen aber genauso, einfach im Kühlschrank auftauen lassen und trocken tupfen. Falls ihr nur ganze Sardinen bekommt: auch kein Problem. Die Fische grob entschuppen, die kleineren Flossen und die Schwanzflosse abschneiden, den Kopf abtrennen und dabei am unteren Ende vorsichtig die Innereien mit herausziehen, danach den Fisch aufschneiden und die Mittelgräte vorsichtig herausziehen, fertig! Für die Aioli bitte unbedingt ein Sonnenblumen- oder Rapsöl verwenden, das schmeckt am besten. Und die Aioli immer gut kühlen und binnen zwei Tagen aufbrauchen.

## ZUTATEN:

**Für die Zitronen-Aioli**

- 3 kleine Knoblauchzehen
- Saft und fein abgeriebene Schale von 1 unbehandelten Zitrone
- 1 sehr frisches Bio-Ei
- 1 EL Dijonsenf
- 250 ml neutrales Sonnenblumenöl
- Meersalz
- frisch gemahlener schwarzer Pfeffer

**Für die Sardinen**

- 12 frische Sardinenfilets
- Meersalz
- frisch gemahlener schwarzer Pfeffer
- 2 EL Olivenöl
- 2 EL Zitronensaft
- 12 Scheiben frisches Baguette oder Ciabatta

## ZUBEREITUNG:

- Den Knoblauch sehr fein hacken und mit dem Saft von ½ Zitrone, der Zitronenschale, dem Ei und dem Senf in einen hohen Rührbecher oder Messbecher geben. Mit dem Stabmixer gut durchpürieren. Jetzt langsam und unter ständigem Rühren erst tröpfchenweise, dann in dünnem Strahl das Öl hinzufügen, bis eine cremige Emulsion entsteht. Zuletzt mit Salz und Pfeffer und gegebenenfalls etwas mehr Zitronensaft abschmecken und bis zur Verwendung kalt stellen.

- Den Oberhitzegrill 10 Minuten auf eine mittlere Temperatur vorheizen und die Fettauffangschale mit Wasser füllen.

- Währenddessen die Sardinenfilets trocken tupfen, salzen und pfeffern und mit etwas Olivenöl und Zitronensaft beträufeln. In eine Gastroschale, auf ein flaches Blech oder in eine hitzebeständige Auflaufform legen.

- Die Brotscheiben von jeder Seite etwa 30–45 Sekunden auf der untersten Ebene rösten. Danach die Sardinenfilets auf der mittleren Ebene von jeder Seite etwa 2–3 Minuten grillen, bis sie gar sind und die Haut knusprig gebräunt ist.

- Die Brotscheiben anrichten, jeweils mit einem Sardinenfilet belegen und je einen Klecks Zitronen-Aioli daraufgeben. Die Crostini noch warm mit weiterer Aioli servieren.

---

Zubereitungszeit: ca. 35 Minuten | Portionen: 4 | Schwierigkeitsgrad: 

Küstenglut
BARBECUE

# GEPLANKTER KRUSTEN-LACHS MIT SCHWEDISCHEM KARTOFFELSALAT

Dieser Lachs schmeckt nach Sommer pur! Und der Kartoffelsalat lässt sich schon am Vortag vorbereiten und schmeckt wunderbar frisch.

## ZUTATEN:

- 1 Lachsfilet, ca. 300 g
- ca. 400 g Kartoffeln (Drillinge)
- ½ TL Salz
- 100 g Schmand oder saure Sahne
- 2 TL gutes Rapsöl
- ½ Bio-Zitrone, Abrieb und Saft
- ½ Bund Dill, frisch
- 1 TL Zucker
- Pfeffer

**Außerdem**

- 1 Zedernholzplanke

**Für die Gewürzmischung**

- 2 TL Zucker
- 2 TL Meersalz
- ½ TL Chilipulver
- ½ TL gemahlener Koriander

## ZUBEREITUNG:

- Den Lachs in circa 2 Zentimeter dicke Streifen schneiden. Von allen Seiten mit der Gewürzmischung – dafür alle Zutaten mischen – bestreuen. Während der Lachs im Kühlschrank abgedeckt zieht, könnt ihr schon den Kartoffelsalat zubereiten.

- Dazu die Kartoffeln mit einer Gemüsebürste säubern, die Schale kann dranbleiben. Anschließend die Kartoffeln in Salzwasser kochen. Abkühlen lassen.

- Den Schmand mit 2 Teelöffeln Öl, dem Zitronensaft und gegebenenfalls etwas Wasser weich und cremig rühren. Hebt jetzt die fein gehackten Dillspitzen und den Abrieb der Zitrone mit unter. Das Dressing mit etwas Salz, Zucker und nach Belieben mit Pfeffer abschmecken.

- Wenn die Kartoffeln abgekühlt sind, diese in etwa 0,5 Zentimeter breite Scheiben schneiden und mit dem Schmand-Dill-Dressing vermengen. Nun ist der Lachs an der Reihe.

- Die Zedernholzplanke etwas einölen, damit sich der Lachs später gut von der Planke lösen lässt. Die gewürzten Lachsstreifen auf die Zedernholzplanke legen. Lasst etwas Platz zwischen den Lachsstreifen, damit der Lachs zur Hälfte der Garzeit gedreht werden kann.

- Den Oberhitzegrill vorheizen. Nach etwa 10 Minuten die Zedernholzplanke mit dem Lachs auf die unterste Ebene schieben. Auf mittlerer Intensität circa 3 Minuten rösten. Dann den Lachs vorsichtig wenden und weitere 3 Minuten garen. Wer den Lachs innen gern noch glasig mag, stellt die Hitze auf volle Intensität und reduziert die Garzeit um circa 1 Minute.

---

Zubereitungszeit: ca. 45 Minuten | Portionen: 2 | Schwierigkeitsgrad: 2 von 5

# JAKOBSMUSCHELN AUF WASABI-GURKEN-SALAT

Im Gegensatz zur Frau des Hauses bin ich ein großer Freund von Meeresfrüchten. Besonders Garnelen und Jakobsmuscheln haben es mir angetan. Ich liebe diesen leicht süßlichen Geschmack und richtig zubereitet haben sie auch eine schöne Konsistenz. Die Jakobsmuscheln kommen hier auf einem leicht scharfen Gurkensalat daher, was einfach unglaublich gut miteinander harmoniert.

**ZUTATEN:**

- ½ rote Zwiebel
- ½ rote Chili
- 1 Salatgurke
- Salz
- ½ Becher Crème fraîche
- 1 TL Wasabi-Paste
- Saft von 1 Limette
- 1 Spritzer Tabasco
- ½ TL Zucker
- 4 Jakobsmuscheln
- 1 TL Rapsöl
- Pfeffer

**ZUBEREITUNG:**

- Die Zwiebel schälen und fein würfeln, aus der Chilischote die Kerne entfernen und fein hacken.

- Die Salatgurke durch einen Spiralschneider drehen, mit einem Sparschäler in Streifen schneiden oder in dünne Scheiben schneiden und gesalzen in eine Schüssel geben.

- Crème fraîche mit Zwiebel, Wasabi, Chili, dem Limettensaft, Tabasco und Zucker zu einem Dressing verrühren.

- Das Wasser von den Gurken wegschütten und die Gurken ins Dressing geben und für 30 Minuten ziehen lassen.

- Den Oberhitzegrill auf voller Temperatur vorheizen.

- Die Jakobsmuscheln mit dem Rapsöl benetzen und dann auf der obersten Ebene für circa 2 Minuten pro Seite grillen. Es empfiehlt sich, die Muscheln in eine feuerfeste Form zu geben.

- Den Gurkensalat mit Salz und Pfeffer abschmecken

- Die Jakobsmuscheln auf dem Gurkensalat anrichten.

---

Zubereitungszeit: ca. 20 Minuten | Portionen: 2 | Schwierigkeitsgrad: 2 von 5

Gerne KOCHEN.de
Thores' & Bennis
FOODBLOG

Küstenglut
BARBECUE

# JAKOBSMUSCHEL-CROSTINI MIT FEIGENSENF & ZITRONENSCHMAND

Der feine Geschmack der Jakobsmuscheln, unterstützt von süßlich-scharfem Feigensenf und säuerlichem Zitronenschmand, ergibt mit knusprigen Crostini eine tolle Vorspeise. Natürlich ist das Ganze auch ein toller Snack für den kleinen Hunger.

**ZUTATEN:**

- 6 Jakobsmuscheln
- 4 Scheiben Weißbrot
- etwas Butter
- 100 g Schmand
- 2 TL gutes Rapsöl
- Saft von ½ Zitrone
- ½ Bund Dill, Dillspitzen fein gehackt
- Abrieb von ½ Zitrone
- 1 TL Zucker
- 1 kleines Glas Feigensenf

**Für die Gewürzmischung**

- ½ TL Salz
- ½ TL Zucker
- 1 Prise Chili

**ZUBEREITUNG:**

- Bestreut die Jakobsmuscheln mit der Gewürzmischung.

- Buttert die Brotscheiben dünn ein.

- Rührt den Schmand mit dem Öl und dem Zitronensaft glatt und fügt je die Hälfte der Dillspitzen und des Zitronenabriebs hinzu. Mit 1 Teelöffel Zucker abschmecken.

- Heizt den Oberhitzegrill vor und röstet die Jakobsmuscheln 2 Minuten je Seite auf der obersten Ebene mit höchster Intensität.

- Röstet das Brot auf der untersten Ebene goldbraun. Danach den Feigensenf und den Schmand in Klecksen auf dem Brot verteilen.

- Schneidet die Jakobsmuscheln in Scheiben auf und verteilt diese auf dem gerösteten Brot.

- Nun die restlichen Dillspitzen und den Zitronenabrieb über die Crostini streuen und sofort servieren.

Zubereitungszeit: ca. 45 Minuten | Portionen: 2 | Schwierigkeitsgrad: 

# LACHSSPIESSE AUF GURKEN-MANGO-SALAT

Ich liebe die Zubereitung von Lachs auf dem Oberhitzegrill. Durch die kurze Garzeit wird der Lachs kross und saftig und in Kombination mit asiatischen Aromen zu einer echten Delikatesse.

**ZUTATEN:**

- 250 g Lachsfilet
- Salz
- 1 reife Mango

**Für den Gurken-Mango-Salat**

- ½ Schlangengurke
- 1 kleine rote Chilischote
- 2 Frühlingszwiebeln
- 2 Stiele Minze
- 2 EL Limettensaft
- 2 EL Erdnussöl
- Zucker (optional)

**Für den Dip**

- 1 Frühlingszwiebel
- 50 ml dunkle Sojasauce
- 2 EL Reisessig
- ¼ TL geröstetes Sesamöl
- 1 TL geröstete Sesamkerne
- 1 Prise Zucker

**Außerdem**

- 2 Schaschlik- oder Metallspieße

**ZUBEREITUNG:**

- Den Lachs 30 Minuten vor dem Beefen portionieren und jeweils drei mundgerechte Stücke auf jeweils zwei Spieße stecken. Mit Salz würzen und 30 Minuten beiseitelegen.

- Für den Gurken-Mango-Salat die Mango schälen und klein würfeln sowie die Gurke halbieren, entkernen und in kleine Würfel schneiden. Die Chilischote halbieren, entkernen und sehr fein würfeln, die Frühlingszwiebeln in feine Ringe schneiden und die Blätter der Minze fein hacken. Die Zutaten in eine Schüssel geben und miteinander vermischen.

- Für die Vinaigrette den Limettensaft und das Erdnussöl in eine Schüssel geben und mit dem Schneebesen verrühren, bis eine Emulsion entsteht. Salzen und mit Zucker abschmecken, sollte die Mango nicht süß genug sein. Die Vinaigrette über die Mango-Gurken-Mischung geben und sorgfältig unterrühren.

- Für den Dip die Frühlingszwiebel zusammen mit der Sojasauce, dem Reisessig, dem Sesamöl und den Sesamkernen in eine Schüssel geben und alle Zutaten verrühren. Mit einer guten Prise Zucker abschmecken.

- Den Oberhitzegrill auf die höchste Temperatur 10–15 Minuten vorheizen und die Spieße auf der höchsten Ebene von jeder Seite 10 Sekunden beefen. Wer seinen Lachs gerne sehr glasig mag, kann die Spieße auch nur von einer Seite für maximal 15 Sekunden beefen.

- Die Spieße auf dem Gurken-Mango-Salat anrichten und zusammen mit dem Dip servieren. Dazu passt weißer Reis.

---

Zubereitungszeit: ca. 40 Minuten | Portionen: 2 | Schwierigkeitsgrad: 

SEIT 2012
MALTESKITCHEN

# THUNFISCHSTEAK

Bei Sushi bin ich eher der Freund einer gegarten Variante; womit man mich aber immer bekommt, ist Sushi mit einem guten Thunfisch. Entweder als Sashimi oder auch als Tataki. Thunfisch in Sashimi-Qualität und dann innen noch roh und von außen mit Röstaromen? Eine herrliche Sache, die einfach immer schmeckt!

**ZUTATEN:**

- 2 Thunfischsteaks à 250 g (Sashimi-Qualität)
- ½ TL Salz
- 4 EL süße Sojasauce (Ketjap Manis)
- je 4 EL weißer und schwarzer Sesam

**ZUBEREITUNG:**

- Die Thunfischsteaks salzen und dann von beiden Seiten mit der süßen Sojasauce einpinseln und 20 Minuten lang marinieren.

- Den Oberhitzegrill auf die höchste Temperatur vorheizen.

- Sesam auf einen Teller verteilen.

- Die Thunfischsteaks auf der höchsten Ebene von jeder Seite knapp 90–120 Sekunden grillen. Je nach Dicke variiert die Dauer. Der Thunfisch sollte eine leichte Kruste haben und gebräunt sein.

- Nun die Steaks noch mal mit der süßen Sojasauce bepinseln und dann auf den Sesamteller legen, leicht andrücken, wenden und noch mal andrücken.

- Die Thunfischsteaks anschneiden.

- Wir haben die Steaks mit einem Kartoffel-Wasabi-Püree gemacht. Das passt perfekt! Dazu das Rezept für unser Kartoffelpüree mit Trüffelbutter (siehe Seite 122) verwenden, Trüffel und Muskat weglassen und Butter, Trüffelbutter und Sahne durch 200 Gramm saure Sahne oder Schmand und 3 Teelöffel Wasabi ersetzen.

---

Zubereitungszeit: ca. 10 Minuten | Portionen: 2 | Schwierigkeitsgrad: 

Gerne
KOCHEN.de
Theres' & Bennis
FOODBLOG

# THUNFISCHSPIESSE MIT KNOBLAUCH-CHILI-ÖL

Die Idee zu diesem Gericht kam uns in unserem letzten Urlaub in Israel. Diese Küche arbeitet vor allem mit vielen tollen Aromen und das aromatisierte Olivenöl harmoniert einfach perfekt mit dem Thunfisch. Der Quark verleiht dem Gericht dann noch diese wundervolle Frische.

**ZUTATEN:**

- 400 g Thunfischfilet
- 2 Knoblauchzehen
- 1 rote Chilischote
- 1 grüne Chilischote
- etwas Olivenöl
- 200 g Quark, 40 % Fett
- Salz
- Pfeffer

**Außerdem**

- 4 Schaschlik- oder Metallspieße

**ZUBEREITUNG:**

- Schneidet den Thunfisch in circa 2–3 Zentimeter große Würfel und steckt sie auf vier Spieße. Den Knoblauch und die Chilischoten fein hacken.

- Gebt das Olivenöl in einen Topf und fügt den Knoblauch und die gehackten Chilischoten hinzu. Lasst das Ganze circa 1 Minute anschwitzen und dann bei geringer Hitze mindestens 10 Minuten ziehen.

- Füllt den Quark in eine Schüssel und schmeckt ihn nur mit Salz und Pfeffer ab.

- Grillt die Thunfischspieße von zwei Seiten für je 1,5 Minuten bei höchster Hitze und auf der obersten Ebene.

- Verteilt etwas Quark kreisförmig auf dem Teller und gebt schon mal etwas von dem aromatisierten Olivenöl in die Mitte, gebt die Thunfischwürfel darauf, streut ein wenig Salz darüber und bedeckt alles mit 1–2 Esslöffeln des Knoblauch-Chili-Öls.

---

Zubereitungszeit: ca. 30 Minuten | Portionen: 4 | Schwierigkeitsgrad: 2 von 5

DIE JUNGS
kochen und backen

# BURGER & SANDWICHES

# BURGER BUNS

Es gibt eine Sache, die ich bei der Zubereitung von Speisen überhaupt nicht mag, und das ist Teig. Ich hasse es einfach, mich strikt an Rezepturen zu halten, aber bei Teig wird es schwierig, wenn man das nicht tut. Deswegen liegt die Teigzubereitung bei uns in der Hand von Theres. So gibt es bei uns auf dem Blog, bis auf zwei Ausnahmen, kein Rezept zu einem Gebäck aus meiner Feder – es sei denn, es wird mit Blätterteig aus dem Kühlregal zubereitet. Und so stammen auch die Burger Buns aus der Feder oder vielmehr aus den Händen von Theres.

**ZUTATEN:**

- 280 ml lauwarme Milch
- 40 g Zucker
- 10 g frische Hefe
- 100 g weiche Butter
- 580 g Mehl Type 405
- 1 Ei
- 0,5 TL Salz
- 1 Ei zum Bepinseln
- Sesam
- 2 EL flüssige Butter zum Bepinseln

**ZUBEREITUNG:**

- Die Milch in der Mikrowelle lauwarm erwärmen (nicht zu heiß, sonst werden die Hefebakterien zerstört). Dann Zucker und Hefe hineinrühren und 5 Minuten gehen lassen.

- Die restlichen Zutaten – Butter, Mehl, das Ei und Salz – hinzugeben und einen glatten Teig daraus herstellen. Den Teig an einem warmen Ort zugedeckt 60 Minuten gehen lassen.

- Ist der Teig gut aufgegangen, dann diesen einmal durchkneten und anschließend zwölf Portionen daraus schneiden. Diese dann rollen und rund schleifen. Wichtig ist dabei, dass ihr eine Oberflächenspannung schafft. Dazu den Teig immer wieder von unten nach oben drücken (es gibt unzählige Videos dazu).

- Die Teigkugeln auf ein mit Backpapier ausgelegtes Backblech geben und weitere 30 Minuten gehen lassen.

- Währenddessen den Ofen auf 200 °C Umluft vorheizen.

- Das Ei zum Bepinseln mit einem Schuss Milch verquirlen und die Burger Buns damit einpinseln. Sesam darüberstreuen und die Burger Buns dann in den Ofen schieben. 12 Minuten backen.

- Die 2 Esslöffel Butter in der Zwischenzeit schmelzen, am besten im Topf oder in der Mikrowelle. Sobald die Buns aus dem Ofen kommen, die Burger Buns mit der flüssigen Butter zweimal rundherum bestreichen.

---

Zubereitungszeit: ca. 10 Minuten / Ruhezeit: 90 Minuten | Portionen: 12 | Schwierigkeitsgrad: 

Gerne
KOCHEN.de
Thores' & Bennis
FOODBLOG

# BURGER MIT GRILLTOMATE & PARMESAN

Das Tolle an diesem Burger? Er schmeckt sogar roh: Die Pattys einfach durch ein angemachtes Tatar ersetzen, und dieser Burger geht als Frühstück durch … Nein, im Ernst, auch roh mit Tatar ist das Rezept sehr, sehr lecker. Aber wenn man mich fragen würde, ist es mit einem frisch gegrillten Patty einfach besser. Die Tomaten kommen mit den Röstaromen super zur Geltung und fügen sich einfach hervorragend in das Gesamtbild.

**ZUTATEN:**

- 1 große Tomate (z. B. Ochsenherz)
- 2 Burger Buns
- etwas Puderzucker
- Salz
- Pfeffer
- 2 Rindfleischpattys à 180 g (tiefgekühlt)
- 1 Handvoll Rucola
- 1 Stück Parmesan
- Crema di Balsamico (oder sehr alten Aceto balsamico)

**ZUBEREITUNG:**

- Aus der Mitte der Tomate zwei dicke Scheiben schneiden.

- Den Oberhitzegrill auf volle Temperatur vorheizen.

- Die Buns halbieren und in der Aufheizzeit schon mal die Innenseite der Buns im Grill antoasten.

- Die zwei Tomatenscheiben in die Gratinierform legen, mit etwas Puderzucker bestäuben, auf der obersten Ebene circa 1–2 Minuten (nur von einer Seite) grillen und dann mit Salz und Pfeffer würzen.

- Die tiefgekühlten Pattys im Grill auf der höchsten Ebene von jeder Seite knapp 2 Minuten grillen.

- Rucola auf die Unterseite des Buns verteilen, je einen Patty darauflegen, dann die Tomate, anschließend ordentlich frischen Parmesan daraufhobeln, etwas von der Crema darauf, schließlich den Deckel aufsetzen.

Zubereitungszeit: ca. 15 Minuten | Portionen: 2 | Schwierigkeitsgrad: 

Gerne KOCHEN.de
Theres' & Bennis FOODBLOG

Gerne KOCHEN.de
Theres' & Bennis FOODBLOG

# BURGER MIT SCHMOR-ZWIEBELN, BERGKÄSE & FEIGENSENF

„Auf einem Bein kann man nicht stehen“, sagt man so schön, und deswegen gibt es in diesem Buch nicht nur ein Rezept für Burger. Vier Rezepte haben wir uns für euch ausgedacht und jede Variante für sich konnte uns voll und ganz überzeugen. Wer mag, kann auf die Unterseite des Buns noch etwas Schmelzkäse oder Frischkäse mit Kräutern streichen.

**ZUTATEN:**

- 2 TL Feigenkonfitüre
- 1 TL scharfer Senf
- 1 Zwiebel
- Butterschmalz
- Salz
- Pfeffer
- 2 Burger Buns
- 2 Rindfleischpattys à 180 g (tiefgekühlt)
- 4 Scheiben Bergkäse

**ZUBEREITUNG:**

- Feigenkonfitüre mit dem Senf verrühren.

- Zwiebel schälen, in Streifen schneiden und dann mit etwas Butterschmalz anbraten. Anschließend mit Salz und Pfeffer würzen.

- Den Oberhitzegrill auf die höchste Temperatur vorheizen.

- Die Buns halbieren und in der Aufheizzeit schon mal die Innenseite der Buns im Grill antoasten.

- Auf der obersten Ebene im Grill die tiefgekühlten Pattys von jeder Seite circa 90–120 Sekunden grillen.

- Den Käse auf die Pattys legen und noch mal für 30 Sekunden in den Grill geben.

- Je ein Patty auf die Unterseite eines Buns legen, den Feigensenf daraufgeben und mit Schmorzwiebeln toppen. Deckel drauf – und fertig ist der Burger.

Zubereitungszeit: ca. 15 Minuten | Portionen: 2 | Schwierigkeitsgrad: 

Gerne
KOCHEN.de
Theres' & Bennis
FOODBLOG

# CHEESEBURGER

Burger sind momentan ja wortwörtlich in aller Munde und bei den vielen Varianten, die es gibt und die auch super schmecken, bleibt ein Klassiker für mich immer eine gute Wahl: der Classic Cheeseburger. Ganz einfach und simpel zubereitet, aber megalecker!

**ZUTATEN:**

- 1 Cornichon
- 2 TL Mayonnaise
- 2 TL Ketchup
- 1 TL Tabasco
- 1 TL Aceto balsamico
- 2 Tropfen Flüssigrauch
- 1 TL Gernekochen Universalgewürz
- Salz
- Pfeffer
- 1 Tomate
- 1 Romanasalatherz
- 2 Burger Buns
- 2 Rindleischpattys à 180 g
- 4 Scheiben Schmelzkäse

**ZUBEREITUNG:**

- Cornichon in feine Würfel schneiden und mit Mayonnaise, Ketchup, Tabasco, Aceto balsamico, Flüssigrauch und Universalgewürz zu einer Sauce verrühren und mit Salz und Pfeffer abschmecken.

- Die Tomate in Scheiben schneiden und vier Blätter von den Romanaherzen entfernen.

- Den Oberhitzegrill auf voller Temperatur vorheizen.

- Die Buns halbieren und in der Aufheizzeit schon mal die Innenseite der Buns im Grill antoasten.

- Die tiefgekühlten Pattys auf der obersten Ebene von jeder Seite circa 90–120 Sekunden grillen.

- Den Käse auf die Pattys legen und noch mal für 30 Sekunden in den Grill geben.

- Die Sauce auf das Unterteil des Buns streichen, zwei Salatblätter darauflegen, dann ein Patty, die Tomatenscheiben und einen ordentlichen Klecks Sauce daraufgeben und den Deckel aufsetzen.

---

Zubereitungszeit: ca. 10 Minuten | Portionen: 2 | Schwierigkeitsgrad: 

# MANGO-MOZZARELLA-BURGER

Ein Sommerburger, der mit seiner Kombination aus frisch und fruchtig überzeugt: Beef, Mozzarella, Mango, Honig und Rucola. Was will man mehr?

**ZUTATEN:**

- 1 Mango
- 1 Packung Mozzarella
- 2 EL Barbecuesauce
- 1 EL Honig
- Rucola
- 300 g Rinderhack oder halb und halb
- Salz
- Pfeffer
- 2 Burger Buns

**ZUBEREITUNG:**

- Die Mango und den Mozzarella in Scheiben schneiden. Die Barbecuesauce mit dem Honig verrühren und den Rucola waschen.

- Aus dem Rinderhack zwei Pattys formen.

- Den Oberhitzegrill auf voller Temperatur vorheizen.

- Die Pattys bei voller Hitze auf der obersten Ebene circa 1 Minute pro Seite grillen. Nach dem ersten Wenden mit Salz und Pfeffer würzen.

- Die Pattys entnehmen, die Buns (mit den Schnittflächen nach oben) sowie die Mangoscheiben kurz auf der mittleren Ebene anrösten.

- Die Buns entnehmen und mit Rucola belegen.

- Die Pattys erneut auf den Rost legen. Mango und Mozzarella auflegen und für circa 25 Sekunden bei hoher Hitze überbacken.

- Die überbackenen Pattys auf die Buns geben und mit der Honig-Barbecue-Sauce toppen.

---

Zubereitungszeit: ca. 20 Minuten | Portionen: 2 | Schwierigkeitsgrad: 2 von 5

JAILHOUSE
COOKING

Gerne
KOCHEN.de
Theres' & Bennis
FOODBLOG

# CAESAR-SANDWICH

Ich bin kein großer Freund von Salat. Also hin und wieder schon, aber wirklich kein Liebhaber ... Ich wache selten auf und denke: „Ach, heute willst du 'nen Salat, so richtig schön mit Grünzeug und Tomaten ...“ Aber bei einem Caesar Salad kann ich dann nur sehr schwer widerstehen. Noch genialer wird das Ganze, wenn man den kompletten Salat in ein Sandwich packt und sich die Croûtons damit spart.

**ZUTATEN:**

**Für das Sandwich**

- 1 rote Zwiebel
- 1 Tomate
- 4 Scheiben Bacon
- 4 Scheiben Sandwichbrot
- 2 Hähnchenbrüste
- Salz
- 1 TL Honig
- 1 TL Senf
- 1 Römersalatherz

**Für das Dressing**

- 15 g Parmesan
- 5 EL Mayonnaise
- 1 TL Senf
- 1 TL granulierten Knoblauch
- 1 EL Hühnerbrühe
- 1 TL frisch gehackte Petersilie
- Salz
- Pfeffer

**ZUBEREITUNG:**

- Den Oberhitzegrill auf voller Temperatur vorheizen.
- Zwiebel schälen und in dünne Scheiben schneiden, die Tomate ebenfalls in dünne Scheiben schneiden.
- Den Bacon im Grill oder in einer Pfanne kross anbraten.
- Parmesan für das Dressing fein reiben und alle Zutaten für das Dressing zu einer sämigen Sauce vermischen.
- Von dem Sandwichbrot jeweils zwei Scheiben von beiden Seiten kurz auf der untersten Ebene grillen.
- Die Hähnchenbrust längs flach aufschneiden, salzen und mit einer Mischung aus Honig und Senf einreiben und dann im Oberhitzegrill auf der mittleren Ebene für knapp 2 Minuten von jeder Seite grillen, bis das Fleisch schön gebräunt ist.
- Die Brüste jetzt noch mal flach schräg anschneiden.
- Jetzt das Sandwich belegen: erst die Scheibe Brot, etwas Dressing, zwei Salatblätter, Hähnchenbrust, zwei Scheiben Bacon, zwei Scheiben Tomate, ein paar Zwiebelscheiben und dann einen guten Klecks Dressing. Deckel drauf ... fertig!

Zubereitungszeit: ca. 15 Minuten | Portionen: 2 | Schwierigkeitsgrad: 

# MEATBALL-SANDWICHES

Ein absoluter Klassiker der amerikanischen Küche.

**ZUTATEN:**

- 1 Rezeptmenge Teig für Burger Buns (siehe Seite 74)
- 1 Kugel Mozzarella (125 g)
- einige Blättchen frisches Basilikum

**Für die Meatballs**

- 400 g gemischtes Hackfleisch
- 1 kleine Zwiebel
- 2 Knoblauchzehen
- 50 g Semmelbrösel
- 50 ml Milch
- 1 Ei
- 1 TL getrocknete italienische Kräuter
- 50 g Parmesan
- Meersalz
- risch gemahlener schwarzer Pfeffer
- 2 EL Olivenöl

**Für die Tomatensauce**

- 700 g passierte Tomaten
- 2 EL Olivenöl
- 1 EL Aceto balsamico
- 1 TL Zucker
- 1 TL getrocknete italienische Kräuter
- Meersalz
- frisch gemahlener schwarzer Pfeffer

**ZUBEREITUNG:**

- Den Teig für die Burger Buns wie im Rezept angegeben zubereiten. Den aufgegangenen Teig dann jedoch nur in acht Portionen teilen und diese zu länglichen Sandwich-Brötchen formen. Weiter wie im Rezept angegeben vorgehen. Den Sesam jedoch weglassen und die Backzeit auf 15–17 Minuten erhöhen.

- Für die Meatballs das Hackfleisch in eine Schüssel geben. Zwiebel und Knoblauchzehen schälen, fein hacken und zum Hackfleisch geben. Semmelbrösel in der Milch in einem kleinen Schälchen einweichen, dann zusammen mit dem leicht verschlagenen Ei und den Kräutern ebenfalls zum Hackfleisch geben. Zuletzt den Parmesan fein gerieben hinzufügen und alles mit Salz und Pfeffer würzen. Die Mischung kurz und kräftig mit den Händen gut durchkneten, bis alles ordentlich vermischt ist. Mit angefeuchteten Händen aus der Masse etwa 16 gleichmäßige Hackbällchen formen und in Olivenöl in einer großen Pfanne auf mittlerer Temperatur rundherum anbraten.

- In der Zwischenzeit für die Tomatensauce alle Zutaten in einen großen Topf geben und unter Rühren aufkochen. Das Ganze bei niedriger Hitze abgedeckt etwa 15 Minuten sanft köcheln lassen.

- Den Oberhitzegrill währenddessen 10 Minuten auf der niedrigsten Temperatur vorheizen und die Fettauffangschale mit Wasser füllen.

- Die Meatballs in eine hitzebeständige Form geben, die auf den Grill passt, und die Sauce darübergießen. 5 Minuten auf der untersten Ebene garen. Dann den Mozzarella zerzupfen und über den Meatballs verteilen. Noch mal 5 Minuten grillen, bis der Käse geschmolzen ist. Gegebenenfalls nach 3 Minuten die Backform um 180 Grad drehen.

- Vier Sandwich-Brötchen längs auf-, aber nicht durchschneiden und aufgeklappt auf der untersten Ebene und bei niedrigster Temperatur etwa 30–60 Sekunden rösten.

- Die Meatballs und die Tomatensauce gleichmäßig auf die vorbereiteten Brötchen verteilen. Mit frisch gehacktem Basilikum bestreuen und sofort servieren.

---

Zubereitungszeit: ca. 1 Stunde / Ruhezeit (Teig): 90 Minuten | Portionen: 4 | Schwierigkeitsgrad: 

moey's
kitchen foodblog

Mr.Nicefood
www.mrnicefood.de

# STEAK PANINI

Ein schnödes Brot, einfach nur mit Wurst oder Käse, nein, das geht besser.
Ein schönes Steak Panini mit karamellisierten Paprikaschoten, das ist was Feines!

**ZUTATEN:**

- 2 Rib-Eye-Steaks à 250 g
- Sonnenblumenöl
- grobes Salz
- 1 rote Paprikaschote
- 1 gelbe Paprikaschote
- 1 EL brauner Zucker
- 1 Panini (ersatzweise Baguette)
- 2 TL Kapern
- 1 Chilischote
- 1 Handvoll Rucola
- Barbecuesauce
- 1 Schimmelkäse
- 1 Bund Kresse
- 1 EL körniger Senf

**ZUBEREITUNG:**

- Das Steak trocken tupfen, mit Öl einreiben und mit grobem Salz bestreuen. Den Oberhitzegrill auf hohe Temperatur erwärmen.

- In der Zwischenzeit die Paprikaschoten waschen, aufschneiden, entkernen, in Streifen schneiden und mit 1 Esslöffel Öl in der Pfanne gar braten. Am Ende der Garzeit 1 Esslöffel braunen Zucker dazugeben und die Paprika karamellisieren.

- Jetzt ist es an der Zeit, das Steak unter den Grill zu schieben. Beide Seiten kräftig anbraten lassen. Im Anschluss den Grill auf kleinste Hitze zurückstellen und den Rost auf die unterste Stellung bringen. Das Steak bis zu einer Kerntemperatur von 57 °C ziehen lassen; hier haben wir die Garstufe medium erreicht.

- Das Panini nun mit den restlichen Zutaten belegen, das Steak in Streifen schneiden und auf das Panini legen. Ein toller Snack mit tollen Zutaten!

Zubereitungszeit: ca. 30 Minuten | Portionen: 2 | Schwierigkeitsgrad: 

JAILHOUSE
COOKING

# TÜRKISCHES HÄHNCHEN IM FLADEN

Dieses Hähnchengericht ist aufgrund seiner Würzung ein orientalisches Geschmackserlebnis. Zusammen mit Weißkraut und Cacık lädt es zu einem schönen Tag im Freien ein.

**ZUTATEN:**

- 300 g Hähnchen-Innenbrustfilet
- 4–5 EL türkisches Brathähnchen-Gewürz
- Petersilie
- Koriander
- 2 kleine Fladenbrote
- Salat
- 4 EL Weißkrautsalat mit Möhren
- Cacık nach Geschmack

**ZUBEREITUNG:**

- Das Hähnchen-Innenbrustfilet in Streifen schneiden und mit dem türkischen Brathähnchen-Gewürz würzen.

- Etwas frische Petersilie und Koriander waschen und von den Stengeln abziehen.

- Den Oberhitzegrill auf voller Temperatur vorheizen.

- Die Hähnchen-Innenfilet-Streifen bei voller Hitze und unter einmaligem Wenden circa 2 Minuten grillen.

- Die Hähnchen-Streifen entnehmen und die Fladenbrote kurz anrösten oder aufbacken.

- Die Fladen aufschneiden, mit dem Salat, dem Weißkrautsalat mit Möhren sowie den Hähnchen-Innenfilet-Streifen füllen und zum Servieren mit Cacık toppen.

---

Zubereitungszeit: ca. 20 Minuten | Portionen: 2 | Schwierigkeitsgrad: 

# PIZZA & FLAMM-KUCHEN

# PIZZATEIG

Liebt ihr Pizza genauso sehr wie ich? Eine Sache ist hier neben dem Belag besonders wichtig: ein guter Boden! Der Pizzaboden muss schön dünn, kross und locker sein. Dabei sollte er auch nicht schnell durchweichen. Dieser Teig hier erfüllt all diese Kriterien und ist in unseren Augen der beste Pizzateig, den wir bisher gemacht haben. Irgendwann schließen wir uns bei einem neapolitanischen Pizzabäcker ein und klauen sein Geheimrezept, aber bis dahin nehmen wir dieses.

**ZUTATEN:**

- 250 ml lauwarmes Wasser
- 450 g Mehl
- 10 g Hefe
- 12 ml Olivenöl
- 1 Prise Zucker
- 1 Prise Salz

**ZUBEREITUNG:**

- Die Zutaten in einer Schüssel miteinander vermengen und zu einem glatten Teig kneten.

- Den Teig gut abdecken und an einem warmen Ort gehen lassen. Wenn er sein Volumen verdoppelt hat, dann einmal durchkneten und wieder abgedeckt gehen lassen, bis ihr in verarbeiten wollt.

- Nun nur noch portionieren und dünn ausrollen.

Zubereitungszeit: ca. 10 Minuten / Gehzeit: 8 Stunden | Portionen: 4 | Schwierigkeitsgrad: 

# FLAMMKUCHENTEIG

Flammkuchenteig gehört wohl zu den einfachsten Teigsorten. Alles miteinander verkneten und fertig. So liebe ich es! Kein langes „gehen lassen". Man muss dieser zickigen Hefe nicht seine komplette Aufmerksamkeit schenken, weil sie sonst nicht aufgeht. Nein, alles in die Schüssel, ordentlich kneten und belegen. Vielleicht mögen wir Flammkuchen deshalb so gerne?!

**ZUTATEN:**

- 220 g Mehl (Type 550)
- 2 EL Öl
- 120 ml Wasser
- 1 Prise Salz

**ZUBEREITUNG:**

- Alle Zutaten für 5 Minuten zu einem Teig kneten.

- Ausrollen und belegen.

Zubereitungszeit: ca. 10 Minuten | Portionen: 8 kleine | Schwierigkeitsgrad: 1 von 5

Gerne
KOCHEN.de
Theres' & Bennis
FOODBLOG

# PIZZA MIT NUSS-NOUGAT-CREME, MARSHMALLOWS & PINIENKERNEN

Ich glaube, ein großer deutscher „Mediziner“ hat in Deutschland mit dem Trend angefangen, süße Pizzen zu produzieren. Wieso eigentlich nicht? Pizza eignet sich so auch wunderbar als Dessert und erfreut Jung und Alt. Unsere Variante setzt hier auf altbekannte Aromen und ich muss sagen, mir schmeckt es! Das Rezept ist einfach in der Zubereitung und das Ergebnis lecker im Geschmack. So ist es doch am schönsten!

**ZUTATEN:**

- Pizzateig (fertig oder nach dem Rezept von Seite 94)
- 1 EL Nuss-Nougat-Creme
- 1 TL weiße Schokolade (Drops)
- 1 TL Mini-Marshmallows
- ½ EL Pinienkerne

**ZUBEREITUNG:**

- Den Oberhitzegrill vorheizen und dabei direkt die Pinienkerne in einer Gratinierform anrösten. Danach den Pizzastein auf die unterste Ebene legen und den Grill auf die höchste Temperatur 15 Minuten lang vorheizen.

- Den Teig ganz flach ausrollen oder einen fertigen Teig verwenden.

- Den Teig im Oberhitzegrill für knapp 45 Sekunden bei kleinster Hitze und auf der untersten Ebene aufbacken.

- Die Nuss-Nougat-Creme darauf verstreichen und mit weißer Schokolade, Mini-Marshmallows und Pinienkernen belegen.

- Noch mal für circa 20–40 Sekunden in den Grill geben.

Zubereitungszeit: ca. 10 Minuten | Portionen: 1 | Schwierigkeitsgrad: 

# PIZZA MIT RUCOLA, SALSICCIA & PARMESAN

Pizza gehört definitiv zu den Dingen, die im Oberhitzegrill extrem gut gelingen, und das in einer Zeit, die einen mit den Ohren schlackern lässt. Bei diesem Rezept wollten wir mal weg von der dicken Käseschicht, deshalb geben wir nach dem Backen frisch gehobelten Parmesan über das Ganze. Das schmeckt wirklich herrlich und durch den Rucola bekommt alles eine frische, nussige Note. Genau nach unserem Geschmack!

**ZUTATEN:**

- 1 kleine Knoblauchzehe
- 1 kleine Zwiebel
- etwas Öl zum Anbraten
- 400 g passierte Tomaten
- 1 TL Oregano
- Salz
- Pfeffer
- Pizzateig (fertig oder nach dem Rezept von Seite 94)
- 1 Salsiccia
- 1 Handvoll Rucola
- Parmesan

**ZUBEREITUNG:**

- Knoblauch und Zwiebel, schälen, fein würfeln und dann mit etwas Öl in einem kleinen Topf glasig anschwitzen.

- Mit den passierten Tomaten ablöschen, kurz köcheln lassen und mit Oregano, Salz und Pfeffer abschmecken.

- Den Pizzastein auf die unterste Ebene im Grill schieben und den Oberhitzegrill auf die höchste Temperatur 10 Minuten lang vorheizen.

- Den Teig ganz flach ausrollen oder einen fertigen Teig verwenden.

- Die Tomatensauce auf dem Pizzateig verteilen.

- Die Salsiccia vom Darm befreien und, in kleine Stücke geschnitten, auf der Pizza verteilen.

- Die Pizza je nach Dicke für 2–3 Minuten bei kleinster Hitze im Grill backen.

- Herausnehmen, den Rucola darauf verteilen und großzügig Parmesan über die Pizza hobeln.

---

Zubereitungszeit: ca. 10 Minuten | Portionen: 1 | Schwierigkeitsgrad: 2 von 5

Gerne
KOCHEN.de
Theres' & Bennis
FOODBLOG

# PIZZA QUATTRO FORMAGGI

Habt ihr eigentlich eine Standardpizza? Also das, was ihr eigentlich immer in einer Pizzeria bestellt? Was das angeht, bin ich sehr experimentierfreudig. Es gibt aber zwei Sorten, die ich immer wieder gerne esse. An erster Stelle kommt da eine einfache Pizza mit Champignons und Kochschinken. Diese Vorliebe habe ich definitiv von meiner Mutter übernommen. Die zweite Variante ist aber eine, mit der ich meine Mutter jagen könnte: Pizza Quattro Formaggi. Gerade wenn dort Gorgonzola drauf ist, kann ich davon nicht genug bekommen. Eigentlich kann da so ziemlich jeder Käse drauf, aber Gorgonzola ist für mich ein Muss, und was überhaupt nicht sein darf, ist Feta. Ich liebe Feta, aber auf einer Pizza Quattro Formaggi hat der nichts verloren ... Ende der Durchsage.

**ZUTATEN:**

- 1 kleine Knoblauchzehe
- 1 kleine Zwiebel
- etwas Öl zum Anbraten
- 400 g passierte Tomaten
- 1 TL Oregano
- Salz
- Pfeffer
- Pizzateig (fertig oder nach dem Rezept von Seite 94)
- 1 EL Gouda, gerieben
- 1 EL Gorgonzola, klein gewürfelt
- 1 EL Parmesan, gehobelt
- 1 EL Cheddar, gerieben
- Salz
- Pfeffer

**ZUBEREITUNG:**

- Knoblauch und Zwiebel, schälen, fein würfeln und dann mit etwas Öl in einem kleinen Topf glasig anschwitzen.
- Mit den passierten Tomaten ablöschen, kurz köcheln lassen und mit Oregano, Salz und Pfeffer abschmecken.
- Den Pizzastein auf die unterste Ebene im Grill schieben und den Oberhitzegrill auf die höchste Temperatur 10 Minuten lang vorheizen.
- Den Teig ganz flach ausrollen oder einen fertigen Teig verwenden.
- Die Tomatensauce auf dem Pizzateig verteilen.
- Die vier Käsesorten auf der Pizza verteilen.
- Die Pizza je nach Dicke für 2–3 Minuten bei kleinster Hitze im Grill backen.
- Vor dem Servieren je nach Geschmack mit etwas Salz und Pfeffer würzen.

---

Zubereitungszeit: ca. 10 Minuten | Portionen: 1 | Schwierigkeitsgrad: 2 von 5

GerneKOCHEN.de
Theres' & Bennis
FOODBLOG

# ZWEIERLEI FLAMMKUCHENVARIANTEN

Flammkuchen werden auf diesem Oberhitzegrill einfach unglaublich gut. Auch wenn die klassische Variante hier ein absoluter Kracher ist, darf bei einem Flammkuchen genauso experimentiert werden wie bei anderen Speisen auch. Wir haben deswegen hier zwei verschiedene Varianten für euch, die sich wirklich ausgesprochen schmackhaft zeigen. Einmal die kräftige Version mit Gorgonzola und der süßen Birne und eine weitere Variante mit der leichten Säure von Frischkäse, mit der Tiefe von Parmesan und dazu der Orangenabrieb ... wahnsinnig lecker!

ZUTATEN:

**Für die Variante mit Gorgonzola**

- Flammkuchenteig (fertig oder nach dem Rezept von Seite 95)
- 2 EL cremiger Gorgonzola
- 1 EL Sauerrahm
- 1 Birne
- Salz
- Pfeffer

**Für die Variante mit Parmesan**

- Flammkuchenteig (fertig oder nach dem Rezept von Seite 95)
- 4 EL Parmesan, frisch gerieben
- 2 EL Frischkäse
- 1 EL Vollmilch
- Abrieb einer Bio-Orange
- Salz
- Pfeffer
- Thymian

ZUBEREITUNG:

- Den Pizzastein auf die unterste Höhe des Grills legen und den Oberhitzegrill auf die höchste Temperatur 10 Minuten lang vorheizen.

- Den Teig ganz flach ausrollen oder den fertigen Teig verwenden. Es gibt Fertigteig-Zuschnitte, die perfekt auf den Grill passen.

- Bei **Variante 1** den Gorgonzola mit dem Sauerrahm vermischen und dann auf dem Teig verteilen. Bei **Variante 2** Parmesan, Frischkäse und Milch vermischen und auf dem Teig verstreichen.

- Für **Variante 1** die Birne in Spalten schneiden und verteilen, bei der **Variante 2** gleich mit dem nächsten Schritt fortfahren.

- Die Hitze auf mittlere Temperatur einstellen, Flammkuchen je nach Dicke 1–4 Minuten backen und dann aus dem Grill holen.

- **Variante 1** salzen und pfeffern, bei **Variante 2** etwas Orangenschalenabrieb auf dem Flammkuchen verteilen sowie Salz, Pfeffer und Thymian darübergeben.

---

Zubereitungszeit: ca. 16 Minuten | Portionen: 4 | Schwierigkeitsgrad: 

Gerne
KOCHEN.de
Theres' & Bennis
FOODBLOG
BLADES MADE IN USA

# VEGETARISCH

Gerne
KOCHEN.de
Theres' & Bennis
FOODBLOG

# AUBERGINE IN TOMATEN-KNOBLAUCH-SUD

In Krefeld gibt es ein griechisches Restaurant, in dem ich schon als Schulkind mit meinen Eltern essen gegangen bin, und das Gute ist: Es schmeckt da heute noch fast genauso wie früher und die Karte hat sich auch kaum geändert. Dort gibt es eine Antipasti-Variante, die ich fast immer als Vorspeise nehme, und das sind Auberginen mit Tomaten und Knoblauch. Dies lässt sich wunderbar auf einem Oberhitzegrill machen. Die Röstaromen kommen hier richtig gut und als kleine Vorspeise mit Fladenbrot ist das Rezept echt ein Kracher.

**ZUTATEN:**

- 1 Knoblauchzehe
- 1 EL Rotweinessig
- ½ TL Zucker
- Pfeffer
- 400 g stückige Tomaten
- Olivenöl
- 1 kleine Aubergine
- Salz

**ZUBEREITUNG:**

- Den Oberhitzegrill auf die höchste Temperatur vorheizen.

- Knoblauchzehen schälen, in dünne Scheiben schneiden und mit dem Essig, Zucker, Pfeffer, stückigen Tomaten und 2 Esslöffel Olivenöl vermischen und ziehen lassen.

- Aubergine putzen, in circa 1 Zentimeter dicke Scheiben schneiden, salzen und auf einen Grillrost oder ein Gitterrost legen. Legt einen Teller darunter, weil die Auberginen Wasser verlieren. Circa 45 Minuten stehen lassen.

- Die Auberginenscheiben mit Olivenöl einreiben und auf dem Oberhitzegrill auf der höchsten Ebene von jeder Seite knapp 2–3 Minuten grillen.

- Die Auberginenscheiben nun in die Gratinierform geben und anschließend den Tomatensud darüber verteilen.

- Die Gratinierform auf der untersten Ebene in den Grill schieben und das Ganze erst bei kleiner Hitze für 6 Minuten und dann für knapp 5 Minuten bei mittlerer Hitze grillen.

- Mit Olivenöl beträufeln und zusammen mit frischem Fladenbrot servieren.

---

Zubereitungszeit: ca. 20 Minuten / 45 Minuten entwässern | Portionen: 2 | Schwierigkeitsgrad: 

Gerne
KOCHEN.de
Theres' & Bennis
FOODBLOG

# GEGRILLTE CHAMPIGNONS

Ich bin ein kleiner Champignon-Liebhaber! Egal ob pur vom Grill mit Aioli oder paniert und frittiert auf der Kirmes, ich mag diese Pilze unglaublich gerne. In der gegrillten Variante kann man daraus auch unglaublich leckere Antipasti machen. Einmal zubereitet, halten sie im Kühlschrank für mehrere Tage und sind dann zum Essen schnell rausgeholt. Dazu ein Steak und Baguette, und das Abendessen ist gerettet.

**ZUTATEN:**

- 1 große Knoblauchzehe
- 300 g frische Champignons (möglichst klein)
- 1 TL getrockneten Oregano
- 2 EL Aceto balsamico
- Salz
- Olivenöl

**ZUBEREITUNG:**

- Den Oberhitzegrill auf die höchste Temperatur vorheizen.
- Die Knoblauchzehe schälen und in dünne Scheiben schneiden.
- Die Champignons putzen und je nach Größe ganz lassen oder halbieren.
- Diese dann mit der Schnittfläche oder der Außenseite nach oben in eine Gratinierform legen und für 2 Minuten auf der mittleren Ebene grillen.
- Danach die Champignons wenden und bei mittlerer Hitze auf der untersten Ebene 2 Minuten garen.
- In der Zwischenzeit Oregano, Aceto balsamico, Knoblauch und etwas Salz in einer Schüssel mischen, die Champignons dazugeben und mit Olivenöl auffüllen, bis alles gut bedeckt ist.
- Nun für mindestens einen Tag im Kühlschrank ziehen lassen.

---

Zubereitungszeit: ca. 10 Minuten / 1 Tag marinieren | Portionen: 2 | Schwierigkeitsgrad: 

# GRATINIERTE GNOCCHI MIT GORGONZOLA

Auch wer als Kochanfänger etwas Exklusives für seine Gäste kreieren will, kann sich an die selbst gemachten Gnocchi mit der schmackhaften Käsekruste trauen. Gnocchi und Sauce können vorbereitet werden und dank des Oberhitzegrills geht das Überbacken ruck, zuck.

**ZUTATEN:**

**Für die Gnocchi**

- 1 kg Kartoffeln
- 120 g Mehl
- 1 Ei
- 1 TL Salz

**Für die Gorgonzolasauce**

- 250 ml Sahne
- 70 g Gorgonzola
- 50 g geriebenen Parmesan
- etwas Salz und Pfeffer
- 100 g Walnüsse
- 100 g geriebenen Gouda

**ZUBEREITUNG:**

- Die Kartoffeln als Pellkartoffeln kochen und direkt danach schälen. Noch heiß durch eine Kartoffelpresse quetschen. Diesen Kartoffelbrei anschließend so gründlich stampfen, dass es keinerlei Klumpen mehr gibt. Ist die Masse abgekühlt, bereitet ihr daraus mit Mehl, Ei und Salz einen festeren Teig.

- Aus jeweils einem Viertel des Teigs eine Rolle mit circa 2 Zentimeter Durchmesser formen. Davon schneidet ihr Stücke ab, die ihr ein wenig in Form rollt und mit einem Muster verseht. Dazu drückt ihr entweder mit der Gabel Rillen ein oder ihr geht es noch professioneller an und rollt die Stücke über ein Gnocchibrett.

- Gnocchi lässt man in heißem Salzwasser gar ziehen – nicht kochen, sonst zerfallen sie leicht! Sie sind fertig, wenn sie an der Wasseroberfläche schwimmen. Nach dem Abtropfen in eine für den Oberhitzegrill geeignete Form geben.

- Für die Sauce die Sahne in einem Topf erhitzen. In der Sahne den Gorgonzola und den geriebenen Parmesan schmelzen lassen. Abschmecken – je nach Käsesorte müsst ihr mit Salz und Pfeffer nachwürzen. Hackt die Walnüsse grob und gebt sie am Schluss mit in die Soße.

- Die heiße Sauce über die Gnocchi gießen und darüber den geriebenen Gouda streuen. Drückt ihn ein wenig platt, damit er sich gut mit der Käsesoße verbindet.

- Gratiniert alles auf der untersten Ebene bei mittlerer Hitze nur 2–3 Minuten im Oberhitzegrill, und schon seid ihr fertig.

---

Zubereitungszeit: ca. 60 Minuten | Portionen: 4 | Schwierigkeitsgrad: 

Felix`
Kochbook

JAILHOUSE
COOKING

# GRÜNE BRUSCHETTA

Bruschetta muss nicht immer mit Tomaten gemacht werden. Bei der Suche nach neuen Geschmackserlebnissen spielt auch die Fantasie eine große Rolle. Heute gibt es eine Variante mit Zucchini und mildem Ziegenkäse.

**ZUTATEN:**

- 1 Zucchini
- Olivenöl
- 5 EL milder Ziegenfrischkäse
- Salz
- Pfeffer
- 1 kleines Baguette
- Kräuter nach Wunsch

**ZUBEREITUNG:**

- Die Zucchini mit einem scharfen Messer oder Sparschäler in dünne Scheiben schneiden und in einer flachen Schale mit etwas Olivenöl für circa 10 Minuten einlegen.

- Den milden Ziegenfrischkäse mit Salz und Pfeffer abschmecken. Bei Bedarf mit etwas Olivenöl geschmeidiger rühren.

- Den Oberhitzegrill auf voller Temperatur vorheizen.

- Das Baguette in Scheiben schneiden, beidseitig mit etwas Olivenöl einpinseln und bei hoher Hitze auf mittlerer Ebene im Grill anrösten, dann entnehmen.

- Die Zucchinistreifen abtropfen lassen und bei voller Hitze auf der obersten Ebene für circa 30–45 Sekunden grillen.

- Die Baguettescheiben mit jeweils 1 Esslöffel Ziegenfrischkäse bestreichen und mit jeweils 1 Zucchinistreifen belegen.

- Zum Servieren mit etwas Salz, Pfeffer und nach Belieben mit Kräutern bestreuen.

---

Zubereitungszeit: ca. 25 Minuten | Portionen: 5 | Schwierigkeitsgrad: 

# TOMATENSALAT MIT GEGRILLTER PAPRIKA

Tomatensalat gibt es in unglaublich vielen Varianten. Egal ob griechisch mit einer ordentlichen Portion Zwiebeln oder italienisch mit Basilikum, eines haben sie alle gemeinsam: Sie eignen sich wunderbar für einen Grillabend mit Freunden. Gerade im Sommer, wenn die Früchte richtig geschmackvoll sind, macht Tomatensalat richtig was her. Im Grunde passt er auch zu jedem Stück Fleisch oder einem leckeren Gyros.

**ZUTATEN:**

- 1 rote Paprika
- 100 g Feta
- ½ rote Zwiebel
- 1 Frühlingszwiebel
- 250 g Mini-Rispen-tomaten
- 1 EL Senf
- 4 EL Olivenöl
- 3 EL Weißweinessig
- 1 EL Honig
- 2 TL Zucker
- Salz
- Pfeffer

**ZUBEREITUNG:**

- Den Oberhitzegrill auf die höchste Temperatur vorheizen.

- Die Paprika waschen, vierteln, das Kerngehäuse entfernen und schon beim Vorheizen in den Grill legen, bis die Haut schwarz ist (nur von der Hautseite grillen und drehen). Danach ein feuchtes Küchenpapier auf die Paprika legen und 5 Minuten warten, der Grill kann wieder ausgeschaltet werden – oder ihr lasst ihn an und bereitet gleich im Anschluss ein Steak darin zu.

- Den Feta würfeln, die Zwiebel schälen und in dünne Streifen schneiden.

- Frühlingszwiebel in dünne Ringe schneiden.

- Die Tomaten waschen, den Strunkansatz entfernen und danach vierteln.

- Senf, Öl, Essig, Honig und Zucker zu einem Dressing verrühren und großzügig mit Salz und Pfeffer abschmecken.

- Die – schwarz gegrillte – Haut der Paprika unter fließendem Wasser einfach abstreichen und dann die Paprikastücke in dünne Streifen schneiden.

- Jetzt alle Zutaten ins Dressing geben, gut verrühren und mit Salz und Pfeffer abschmecken.

---

Zubereitungszeit: ca. 15 Minuten | Portionen: 4 | Schwierigkeitsgrad: 3 von 5

Gerne
KOCHEN.de
Theres' & Bennis
FOODBLOG

# SPITZPAPRIKA MIT SCHAFSKÄSE

Dieses Rezept ist perfekt für das spontane Grillvergnügen. Die Zutaten kann man immer im Haus vorrätig haben – dann ist ganz fix ein tolles vegetarisches Grillgericht auf dem Tisch, das auch wunderbar als Beilage funktioniert.

**ZUTATEN:**

- 4 Spitzpaprika
- 1 Bund Oregano
- etwas hochwertiges Olivenöl
- 200 g Schafskäse

**ZUBEREITUNG:**

- Halbiert die Spitzpaprika und entfernt die Kerne im Inneren.

- Wascht den Oregano und hackt ihn grob.

- Den Oberhitzegrill auf mittlere Temperatur aufheizen.

- Legt die Spitzpaprikahälften mit der Öffnung nach unten in eine GN-Schale (Gastro-Norm-Schale) und grillt sie für 2 Minuten bei mittlerer Hitze auf der untersten Ebene.

- Dreht die Spitzpaprika um, beträufelt sie mit ein wenig Olivenöl und bröselt den Schafskäse in die Öffnungen. Grillt sie nun 5 Minuten bei kleinster Hitze auf der untersten Ebene. Für eine schöne Bräunung könnt ihr für die letzte Minute auch auf die oberste Ebene wechseln.

- Nun gebt ihr erneut etwas Olivenöl auf die fertigen Spitzpaprika und bestreut sie mit dem gehackten Oregano.

---

Zubereitungszeit: ca. 20 Minuten | Portionen: 4 | Schwierigkeitsgrad: 1 von 5

DIE JUNGS
kochen und backen

# BEILAGEN

# CREAMED CORN

Bei uns in der Nähe, in Dormagen, gibt es den in meinen Augen weltbesten Barbecue-Laden. Die Ribs dort, das Pastrami oder auch das Pulled Pork – ein absoluter Traum, sag ich euch. Das ist wirklich richtig gutes BBQ. Eine Sache abseits des Fleisches gibt es dort jedoch, die ich fast genauso liebe: das Creamed Corn! Für viele vielleicht einfach nur „schlotziger“ Mais, ist es für mich eine der besten Beilagen der Welt. Für unser neues Buch habe ich mich deshalb darangemacht, unser eigenes Creamed Corn zu kochen, und ich kann es euch nur empfehlen!

**ZUTATEN:**

- 3 EL Butter
- 230 ml Sahne
- 20 ml Weißwein
- 420 g Mais aus der Dose (Abtropfgewicht)
- 1 EL Zucker
- 2 TL Gernekochen Universalgewürz von Spicebar
- Salz
- ½ TL geräuchertes Paprikapulver
- Pfeffer
- 2 EL Mehl
- 200 ml Milch
- 30 g Parmesan

**ZUBEREITUNG:**

- Bei mittlerer Hitze einen Topf aufsetzen und Butter, Sahne, Weißwein sowie Mais, Zucker, Universalgewürz, ½ Teelöffel Salz, das geräucherte Paprikapulver und 1 Prise Pfeffer bei mittlerer Hitze unter Rühren für 5 Minuten köcheln lassen.

- In eine Schüssel das Mehl geben und die Milch mit einem Schneebesen einrühren, ohne dass es Klümpchen gibt.

- Nun die Milch-Mehl-Mischung nach und nach unter ständigem Rühren zum Mais geben, bis die gewünschte Konsistenz erreicht ist.

- Den Topf vom Herd nehmen und den Parmesan frisch in das Creamed Corn reiben, verrühren und, falls nötig, noch mit Salz und Pfeffer abschmecken.

---

Zubereitungszeit: ca. 15 Minuten | Portionen: 4 | Schwierigkeitsgrad: 

Gerne
KOCHEN.de
Thores' & Bennis
FOODBLOG

# KARTOFFELPÜREE MIT TRÜFFELBUTTER

Schon seit Kindheitstagen gibt es bei mir ein Gericht oder eine Beilage, die ich liebe wie keine andere. Ich könnte es eigentlich fast jeden Tag essen und jeden Tag in einer anderen Variante. Mal mit mehr Butter, mal mit Trüffeln ... auch ein Gorgonzola untergehoben schmeckt unglaublich gut. Und was man kaum glauben mag: Wenn man eine richtig leckere Leberwurst hat und diese unterrührt – ein Gedicht! Oder man hebt nur etwas gebratene Zwiebeln mit Speck unter. Alles unglaublich lecker. Aber mein absoluter Favorit ist Kartoffelpüree mit Trüffelbutter! Ein absoluter Traum! Wer es klassisch möchte, lässt den Trüffel beziehungsweise die Trüffelbutter einfach weg und genießt das Püree pur.

**ZUTATEN:**

- 750 g Kartoffeln (mehligkochend)
- Salz
- 100 g Butter
- 20 g Trüffelbutter
- 100 ml Sahne
- 1 Prise Muskat
- Trüffel nach belieben

**ZUBEREITUNG:**

- Die Kartoffeln schälen und in ausreichend Salzwasser kochen.

- Sobald die Kartoffeln weich sind, das Wasser abschütten, die anderen Zutaten – bis auf den frischen Trüffel – dazugeben und mit einem Kartoffelstampfer zu Püree verarbeiten. Ansonsten kann man natürlich auch eine Kartoffelpresse nehmen.

- Mit Salz abschmecken und zum Schluss noch etwas frischen Trüffel drüberhobeln.

Zubereitungszeit: ca. 40 Minuten | Portionen: 4 | Schwierigkeitsgrad: 

Gerne
KOCHEN.de
Theres' & Bennis
FOODBLOG

Gerne
KOCHEN.de
Theres' & Bennis
FOODBLOG

# POTATO WEDGES AUS DEM OFEN

Gerade zu Steak sind Pommes meist die erste Wahl. Aber ich favorisiere neben einem guten Kartoffelpüree eigentlich richtig erstklassige Potato Wedges. Das Gute daran ist: Sie machen sich fast von alleine und schmecken richtig gut. Tolles Aroma und außen kross und innen weich, so müssen sie sein. Das Rezept ist wirklich einfach und der Geschmack einfach großartig.

**ZUTATEN:**

- 500 g Kartoffeln
- 3 EL Sonnenblumenöl
- 1 EL Paprikapulver edelsüß
- ½ TL geräuchertes Paprikapulver
- 1 EL Barbecuesauce
- 1 TL Salz
- 30 g Maisgrieß

**ZUBEREITUNG:**

- Den Backofen auf 180 °C vorheizen (Umluft).
- Die Kartoffeln waschen und vierteln und danach gut abtrocken/mit Küchenpapier abtupfen.
- Alle Zutaten bis auf den Maisgrieß in eine verschließbare Tiefkühlbox oder Ähnliches geben und alles gut schütteln.
- Jetzt die Hälfte des Maisgrießes locker drüberstreuen und noch mal schütteln.
- Das Backblech mit Backpapier auslegen und die Kartoffelstücke darauf verteilen. Sie sollten nicht übereinanderliegen und die Sauce sollte auch nicht mit aufs Blech.
- Jetzt die zweite Hälfte des Maisgrießes auf den Kartoffeln verteilen und die Wedges circa 30 Minuten lang backen.

Zubereitungszeit: ca. 40 Minuten | Portionen: 2 | Schwierigkeitsgrad: 

DIE JUNGS
kochen und backen

# PITA-BROT

Pitas sind einfach die perfekte Beilage zum Grillen. Die flachen Teigtaschen lassen sich wunderbar befüllen und auf verschiedenste Arten genießen. Außerdem sind sie im Oberhitzegrill in wenigen Minuten fertig und liegen frisch und heiß auf dem Tisch. Es lohnt sich daher auf jeden Fall, die Zeit zu investieren.

**ZUTATEN:**

- 500 g Weizenmehl, Typ 405
- 12 g Salz
- 10 g frische Hefe
- 300 ml lauwarmes Wasser
- 20 g Olivenöl

**ZUBEREITUNG:**

- Gebt das Mehl mit dem Salz in die Rührschüssel eurer Küchenmaschine und vermischt alles miteinander.

- Bröselt die frische Hefe in das lauwarme Wasser und löst sie darin auf, bevor ihr das Hefewasser zum Mehl schüttet.

- Knetet mit dem Knethaken das Mehl mit dem Wasser langsam durch und lasst dabei das Olivenöl langsam dazulaufen. Knetet den Teig für 5 Minuten – er ist dann immer noch recht feucht. Deckt ihn mit einem sauberen Küchentuch ab und lasst ihn bei Zimmertemperatur 2 Stunden lang gehen.

- Bemehlt eure Arbeitsfläche und gebt den Teig darauf. Stecht zehn gleich große Stücke ab (circa 80 Gramm pro Stück). Legt ein Stück vor euch, faltet den Teig von einem Rand aus zur Mitte und dreht das Stück. Faltet dann genau so weiter, bis ihr einmal rum seid. Dreht das Teigstück nun um und legt es unter eure „hohle“ Handfläche und rollte es mit runden Bewegungen zu einer Kugel. Legt sie auf ein bemehltes Backblech. Verfahrt so mit allen Teigstücken und bedeckt sie wieder mit einem sauberen Küchentuch. Lasst die Kugeln für 30 Minuten gehen.

- Legt nun nacheinander jede Kugel auf eure bemehlte Arbeitsfläche und rollt sie mit einem Nudelholz rund auf circa 15–20 Zentimeter aus und legt sie auf ein bemehltes Küchentuch. Wenn das Tuch voll ist, legt ein weiteres darauf, um die restlichen Pitas daraufzusetzen. Abgedeckt von einem Küchentuch lasst ihr sie ein letztes Mal für 15 Minuten gehen. Heizt dann aber sofort euren Oberhitzegrill mit dem Pizzastein auf der höchsten Stufe vor.

- Gebt zwei Pita-Teiglinge auf den heißen Pizzastein und reduziert die Temperatur auf die mittlere bis niedrigste Stufe und lasst die Pitas sich aufblähen. Sobald die Pitas von oben gebräunt sind, nehmt sie heraus und backt die übrigen genauso.

---

Zubereitungszeit: ca. 220 Minuten | Portionen: 10 Stück | Schwierigkeitsgrad: 

# DESSERTS

# APFEL MIT KARAMELL-KRUSTE & EISCREME

Zur Weihnachtszeit stehen Bratäpfel natürlich hoch im Kurs, aber so ein Apfel weiß auch das ganze restliche Jahr zu überzeugen. Mit einer leckeren Karamellschicht und Eiscreme ist er ein hammergeiles Dessert. Bei der Eiscreme sind euch eigentlich keine Grenzen gesetzt. Ich würde hier tatsächlich etwas Nussiges wie Walnusseis nehmen.

**ZUTATEN:**

- 2 Äpfel (z. B. Cox Orange)
- 4 TL Zucker
- 4 Kugeln Eiscreme

**ZUBEREITUNG:**

- Den Oberhitzegrill auf die höchste Temperatur vorheizen.
- Die Äpfel abwaschen, von oben nach unten halbieren und mit einem Kugelausstecher das Kerngehäuse entfernen.
- Die Rückseite leicht abschneiden, damit der Apfel besser liegen bleibt.
- Mit der Unterseite nach oben die Äpfel auf die Gratinierform verteilen und dann für 90 Sekunden auf unterster Ebene und mittlerer Hitze grillen.
- Die Äpfel umdrehen und noch mal 90 Sekunden lang grillen.
- Zucker auf die Schnittflächen verteilen und dann noch mal für 60 Sekunden in den Grill schieben.
- Je eine Apfelhälfte auf einen Teller legen und eine Kugel Eis auf oder neben jeder Hälfte platzieren, wenn das Dessert sofort verspeist wird.

Zubereitungszeit: ca. 10 Minuten | Portionen: 4 | Schwierigkeitsgrad: 

Gerne KOCHEN.de
Thores' & Bennis
FOODBLOG

# CRÈME FRAÎCHE MIT GRATINIERTER BIRNE, HONIG & NÜSSEN

Birnen sind irgendwie die unbeliebten Geschwister der Äpfel, oder wie seht ihr das? Wenn ich die Wahl habe, entscheide ich mich immer für das runde Obst ... meistens! Denn hier haben wir bewusst auf die Birne gesetzt, und das zu Recht. Die Mischung ist wirklich lecker und wer es mag, darf unter die Crème fraîche auch gerne etwas Gorgonzola mischen. Das schmeckt wirklich ausgesprochen gut.

**ZUTATEN:**

- 2 Birnen
- 2 EL Walnüsse
- 2 EL Paranüsse
- 4 EL Honig
- 4 EL Crème fraîche

**ZUBEREITUNG:**

- Den Oberhitzegrill auf die höchste Temperatur vorheizen.

- Die Birnen abwaschen, von oben nach unten halbieren und mit einem Kugelausstecher das Kerngehäuse entfernen.

- Die Birnen mit der Unterseite nach oben auf die Gratinierform verteilen und dann für 90 Sekunden auf der untersten Ebene und bei mittlerer Hitze grillen.

- Die Birnenhälften umdrehen und noch mal für 90 Sekunden grillen.

- Die Birnenhälften auf vier Teller verteilen, Nüsse mit Honig in der Gratinierform vermischen und dann für 20 Sekunden bei mittlerer Hitze in den Grill geben.

- Je einen Klecks Crème fraîche neben die Birne geben und darauf dann den Honig mit den Nüssen verteilen und servieren.

---

Zubereitungszeit: ca. 10 Minuten | Portionen: 4 | Schwierigkeitsgrad: 2 von 5

Gerne
KOCHEN.de
Theres' & Bennis
FOODBLOG

# IN DER SCHALE GEGRILLTE BANANE MIT HONIG & ERDNÜSSEN

Habt ihr schon mal Banane in der Schale gegrillt? Das ist wahnsinnig einfach und unglaublich lecker. Die Banane wird richtig schön weich und mit nur wenigen Zutaten erhält man ein schnelles Dessert, bei dem man wunderbar mit den Zutaten spielen kann.

**ZUTATEN:**

- 1 Banane
- 2 EL Honig
- 2 EL Erdnusskerne

**ZUBEREITUNG:**

- Den Oberhitzegrill auf mittlere Temperatur vorheizen.

- Schon während der Aufheizphase könnt ihr die Bananen auf den Grillrost legen und von allen Seiten grillen, bis die Schalen schwarz sind.

- Die Bananen in der Mitte aufschneiden, Honig darübergeben und zum Schluss mit den Erdnüssen bestreuen.

Zubereitungszeit: ca. 10 Minuten | Portionen: 2 | Schwierigkeitsgrad: 

Gerne KOCHEN.de
Theres' & Bennis
FOODBLOG

Gerne
KOCHEN.de
Theres' & Bennis
FOODBLOG

# GRATINIERTE BEEREN

Gratinieren geht im Oberhitzegrill wunderbar. Da ist es egal ob süß oder herzhaft. Durch die Bauweise und die einfache Handhabung ist dies wirklich spielend einfach und fast idiotensicher. Man muss nur daran denken, dass es rasend schnell geht und ein paar Sekunden zwischen perfekt und verbrannt entscheiden können. Also ist es doch nicht ganz so idiotensicher, wie unser erster Versuch gezeigt hat ... Ach, Sekunde, ich hole mal schnell das Handy, um ein Foto für Instagram zu machen... Okay... ein Foto von verbrannten Beeren ist jetzt nicht so der Knaller. Also das „idiotensicher" gilt nicht für Idioten wie mich.

**ZUTATEN:**

- 250 g tiefgekühlte Beeren
- ½ Vanilleschote
- 1 Eigelb
- 100 g Mascarpone
- 50 ml Milch
- 2 EL Zucker
- 1 TL Orangenlikör

**ZUBEREITUNG:**

- Die Beeren in einem Sieb auftauen lassen.
- Den Oberhitzegrill auf mittlere Temperatur vorheizen.
- Die Vanilleschote längs halbieren und mit dem Messerrücken das Mark herausholen.
- Dieses mit dem Eigelb, Mascarpone, Milch, Zucker und Orangenlikör zu einer schönen Creme aufschlagen.
- Die Beeren auf zwei feuerfeste Förmchen verteilen und dann die Creme darübergeben.
- Die Hitze auf die kleinste Stufe runterstellen und die Förmchen unter dem Brenner auf der untersten Ebene in den Grill stellen.
- Circa 5 Minuten lang grillen.

Zubereitungszeit: ca. 10 Minuten | Portionen: 2 | Schwierigkeitsgrad: 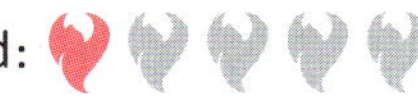

moey's kitchen foodblog

# HALBFLÜSSIGER SCHOKOLADENKUCHEN MIT EIERLIKÖR-SAHNE

Diese köstlichen Schokokuchen garen außerhalb des Brennerbereichs. Es geht ruck-zuck und man kann sie wunderbar oben auf dem Grill warm halten. Da der Kuchen nicht ganz durchgart, solltet ihr unbedingt frische Bio-Eier verwenden. Wichtig ist es hier, immer ein Auge auf den Kuchen zu werfen – zwischen fester Oberfläche und verbrannter Schokolade liegen nur Sekunden.

## ZUTATEN:

**Für die Eierlikör-Sahne**

- 200 g kalte Sahne
- 30 g Puderzucker zuzüglich etwas zum Servieren
- 50 ml Eierlikör zuzüglich etwas mehr zum Servieren

**Für die halbflüssigen Schokoladenkuchen**

- 200 g Zartbitter-Kuvertüre (70 % Kakao)
- 200 g Butter zuzüglich etwas mehr für die Förmchen
- 6 frische Bio-Eier
- 200 g Zucker
- 1 TL Vanilleextrakt
- 100 g Mehl (Type 405)
- 30 g ungesüßtes Kakaopulver zuzüglich etwas mehr für die Förmchen
- 1 Prise Salz

## ZUBEREITUNG:

- Die Sahne mit dem gesiebten Puderzucker mit dem Handrührgerät steif schlagen. Zuletzt langsam den Eierlikor gründlich untermixen und kalt stellen.

- Kuvertüre und Butter überm Wasserbad langsam schmelzen. Gründlich verrühren, dann abkühlen lassen. Die Eier mit dem Zucker und Vanilleextrakt mehrere Minuten lang dickcremig aufschlagen, dann langsam die Kuvertüre-Butter-Masse einrühren.

- Mehl und Kakaopulver vermischen und mit dem Salz auf die Schokomasse sieben. Nur noch mit einem Teigschaber oder Kochlöffel sanft unterrühren.

- Acht bis zehn kleine Souffléförmchen mit Butter einfetten und mit Kakaopulver ausstäuben. Die Förmchen zur Hälfte mit dem Teig füllen.

- Währenddessen den Oberhitzegrill 10 Minuten auf die niedrigste Temperatur vorheizen.

- Jeweils drei bis vier Förmchen ganz vorne an die Kante der Schublade stellen, sodass die Kuchen nicht direkt unter dem Brenner stehen. 5 Minuten auf der untersten Ebene grillen, dann um 180 Grad drehen und nochmals 5 Minuten garen. Fertig gebackene Schokoladenkuchen aus dem Grill nehmen und noch 3 Minuten auf die heiße Oberseite des Oberhitzegrills stellen. Nach und nach die anderen Schokoladenkuchen grillen.

- Fertige Schokoladenkuchen direkt im Förmchen servieren oder nach Belieben vorsichtig stürzen. Etwas Puderzucker darübersieben und noch lauwarm mit der Eierlikör-Sahne servieren.

---

Zubereitungszeit: ca. 35 Minuten | Portionen: 8–10 | Schwierigkeitsgrad: 

# KARDAMOM-EIS MIT GEGRILLTER APRIKOSE

Eis ist doch immer eine gute Idee, denn man möchte ja auch neben all den herzhaften Köstlichkeiten mal etwas Süßes. Für die besondere Note wird das Obst gegrillt und damit zu einem echten Highlight. Gepaart mit Kardamom wird dieses Eis zu einer absoluten Geschmacksoffenbarung, die nichts mehr mit einem langweiligen Vanilleeis zu tun hat.

**ZUTATEN:**

- 250 g Aprikosen
- 200 ml Milch
- 90 g Zucker
- 1 TL Vanilleextrakt
- 1 Prise Salz
- 2 EL Kardamom
- 3 Eigelb
- 300 ml Sahne

**ZUBEREITUNG:**

- Halbiert und entkernt die Aprikosen und legt sie in eine GN-Schale. Grillt sie unter mehrmaligem Wenden circa 6 Minuten lang auf der untersten Ebene bei mittlerer bis geringer Hitze. Behaltet das Obst am besten immer im Auge, damit es nicht zu dunkel wird. Stellt das Obst erst einmal zur Seite.

- Gebt die Milch, Zucker, Vanilleextrakt und Salz in einen Topf, stoßt den Kardamom im Mörser kurz an und gebt auch diesen in den Topf. Erhitzt die Flüssigkeit bis kurz vorm Kochen und lasst sie dann mit Deckel für mindestens 30 Minuten ziehen.

- In der Zwischenzeit die Aprikosen in feine Würfel hacken.

- Gebt die Milch nun durch ein Sieb, damit keine Kardamomstücke mehr darin enthalten sind, und gebt sie zurück in den Topf. Erhitzt sie nun nochmals leicht.

- Verrührt das Eigelb in einer Schüssel ein wenig und gebt unter Rühren langsam die warme Mich dazu. Die Masse erneut in den Topf geben und unter ständigem Rühren erhitzen, bis sie etwas andickt.

- Die Sahne in eine Schüssel geben und die Milch-Ei-Masse hinzufügen und verrühren. Zum Schluss noch die Aprikosenstücke unterziehen und das Ganze für 30 Minuten kalt stellen.

- Füllt die Masse in den Behälter eurer Eismaschine und lasst diese circa 50 Minuten laufen. Füllt das Eis in einen luftdichten Behälter und stellt es bis zum Verzehr in euer Gefrierfach.

---

Zubereitungszeit: ca. 120 Minuten | Portionen: ca. 0,8 Liter | Schwierigkeitsgrad: 

DIE JUNGS
kochen und backen

# LEMON TARTES MIT BAISER

Lemon Tartes sind herrlich fruchtig und frisch. Sie lassen sich gut vorbereiten und runden im Winter wie im Sommer jeden Grillabend ab. Wir mögen sie besonders gern im Winter, wenn es draußen grau und nass ist. Da bringt so eine kleine Lemon Tarte einfach Farbe und gute Laune auf den Tisch!

**ZUTATEN:**

- 95 g Mehl (Type 405)
- 30 g gemahlene blanchierte Mandeln
- 60 g + 75 g Butter
- 40 g Puderzucker
- 1 Prise Salz
- 1 Eigelb
- 50 g Zucker
- 100 ml Zitronensaft
- 2 Eigelb
- 2 Eier
- 2 Eiweiß
- 140 g Zucker

**ZUBEREITUNG:**

- Mehl und Mandeln in eine Schüssel geben und vermischen. 60 Gramm Butter in Würfel schneiden und hinzufügen. Puderzucker, Salz und Eigelb hinzufügen und alles zügig zu einem glatten Teig verkneten. Den Teig zu einer Kugel formen, in Frischhaltefolie einschlagen und 30 Minuten im Kühlschrank ruhen lassen.

- Zucker, Zitronensaft, Eigelbe und Eier in eine Schüssel geben und über dem heißen Wasserbad aufschlagen. Die restlichen 75 Gramm Butter in Stücke schneiden. Sobald die Masse andickt, kräftig weiterschlagen, vom Wasserbad nehmen und die Butter unterrühren. Wenn die Masse schön glatt ist und die Butter eingebunden ist, zur Seite stellen und abkühlen lassen.

- Den Teig aus dem Kühlschrank nehmen und auf einer leicht bemehlten Arbeitsfläche dünn ausrollen. Sechs kleine Tarteförmchen mit dem Teig auslegen und im vorgeheizten Backofen bei 180 °C Ober-/Unterhitze 7 Minuten backen.

- Tarteförmchen aus dem Ofen holen, die Zitronencreme gleichmäßig auf dem vorgebackenen Teig verteilen und anschließend weitere 15–20 Minuten backen.

- Die fertigen Tartes aus dem Ofen holen und auskühlen lassen. Anschließend vorsichtig aus den Förmchen lösen und zur Seite stellen.

- Eiweiß und Zucker in eine Schüssel geben und 10 Minuten kräftig aufschlagen, bis eine feste cremige Masse entstanden ist. Die Masse in einen Spritzbeutel füllen und kleine Tupfen auf die ausgekühlten Tartes setzen.

- Auf der untersten Ebene bei mittlerer Hitze 15 Sekunden grillen.

---

Zubereitungszeit: ca. 75 Minuten | Portionen: 6 | Schwierigkeitsgrad: 

# SCHOKOLADENMUFFINS MIT KIRSCHEN & BAISERHAUBE

Wunderbar saftige und schokoladige Muffins mit reichlich Kirschen und einer verführerisch karamellisierten Baiserhaube!

## ZUTATEN:

**Für die Muffins**

- 250 g Sauerkirschen aus dem Glas
- 100 g Kakaopulver
- 200 ml heißes Wasser
- 200 g Mehl (Type 405)
- 2 TL Backpulver
- 125 g weiche Butter
- 200 g Zucker
- 2 Eier (Größe M)
- 50 g Schokotropfen

**Für das Baiser**

- 3 Eiweiße (Größe M)
- 1 Prise Salz
- 140 g Zucker

**Außerdem**

- Muffinblech
- Spritzbeutel

## ZUBEREITUNG:

- Den Backofen auf 180 °C Ober- und Unterhitze vorheizen und ein Muffinblech mit Papierbackförmchen auslegen.

- Die Sauerkirschen in ein Sieb geben und gut abtropfen lassen. Die Hälfte des Kakaopulvers in dem heißen Wasser auflösen und beiseitestellen. Das Mehl mit dem Backpulver und dem restlichen Kakao vermischen und in eine Schüssel sieben.

- Butter und Zucker in eine Schüssel geben und mit der Küchenmaschine oder dem Handmixer schaumig aufschlagen. Die Eier nach und nach zufügen und das gesiebte Mehl samt Backpulver sorgfältig unter die schaumige Eiermasse heben. Die Schokotropfen und die abgetropften Sauerkirschen vorsichtig unter die Masse heben.

- Den Teig gleichmäßig bis zu drei Viertel der Höhe in die Förmchen füllen und im vorgeheizten Backofen 20 Minuten backen. Die Muffins kurz abkühlen lassen, aus dem Muffinblech nehmen und auf einem Kuchengitter vollständig abkühlen lassen.

- Für das Baiser die Eiweiß mit der Prise Salz mit den Quirlen des Handrührgeräts oder der Küchenmaschine steif schlagen und dabei nach und nach den Zucker einrieseln lassen. Die Masse circa 15 Minuten sehr steif schlagen, bis sie eine zähe Konsistenz bekommen hat. Die Baisermasse in einen Spritzbeutel füllen und auf die Muffins spritzen.

- Den Oberhitzegrill 10 Minuten auf kleinster Stufe vorheizen und die Muffins nacheinander hineingeben und auf der untersten Ebene wenige Sekunden abflämmen, bis die Baisermasse leicht karamellisiert und bräunt.

---

Zubereitungszeit: ca. 50 Minuten | Portionen: 16 | Schwierigkeitsgrad:

SEIT 2012
MALTESKITCHEN

# SAUCEN & DIPS

# AIOLI AUF MALLORQUINISCHE ART (OHNE EI)

**ZUTATEN:**

- 2 Knoblauchzehen
- 250 ml Öl (kein Olivenöl, das hat zu viel Eigengeschmack)
- 125 ml Milch (am besten 3,5 %)
- 1 TL Paprikapulver edelsüß
- 1 TL Salz
- 1 Prise Pfeffer

**ZUBEREITUNG:**

- Die Knoblauchzehen schälen und vierteln.

- Öl, Milch, Knoblauch, Paprikapulver edelsüß, Salz und Pfeffer in ein hohes Gefäß geben, den vorbereiteten Knoblauch dazugeben.

- Pürierstab, ohne ihn anzuschalten, unten in den Becher stellen. Die Turbotaste betätigen und nach oben hin wegziehen. Ihr werdet merken, dass die Masse sehr schnell fest wird. Jetzt heißt es nur noch abschmecken und anrichten.

Zubereitungszeit: ca. 5 Minuten | Portionen: 10 | Schwierigkeitsgrad: 

# AUBERGINENDIP

**ZUTATEN:**

- 2 Knoblauchzehen
- 200 g Aubergine geröstet (bereits fertig zu kaufen im Glas im türkischen Supermarkt)
- 200 g Feta
- 200 g Frischkäse
- 2 EL getrocknete und in Öl eingelegte Tomaten
- Salz
- Pfeffer
- Oregano

**ZUBEREITUNG:**

- Den Knoblauch schälen und gemeinsam mit allen anderen Zutaten in einen Standmixer geben und bis zur gewünschten Konsistenz mixen. Natürlich kann man dafür auch einen Stabmixer verwenden.

Zubereitungszeit: ca. 5 Minuten | Portionen: 4 | Schwierigkeitsgrad: 

# HONEY PEPPERS & BACON DIP

**ZUTATEN:**

- 125 g Bacon
- 200 g Frischkäse
- 150 g Sweet Honey Peppers
- 1 TL Knoblauchpulver
- 1 TL Sriracha-Sauce
- ½ TL Minze
- 1 TL Gernekochen Universalgewürz
- 2 schwarze Oliven, entkernt

**ZUBEREITUNG:**

- Den Bacon in einer Pfanne von beiden Seiten kross ausbacken und auf einem Küchenpapier entfetten und abkühlen lassen.

- Alle Zutaten in einen Behälter geben und mit einem Pürierstab zu einer schönen Masse mixen.

---

Zubereitungszeit: ca. 5 Minuten | Portionen: 10 | Schwierigkeitsgrad: 

# KNOBLAUCH-KRÄUTER-BUTTER

**ZUTATEN:**

- 250 g Butter
- 2 Knoblauchzehen
- 10 g Salz
- 1 EL gemischte Kräuter (z. B. 8 Kräuter aus TK-Abteilung)

**ZUBEREITUNG:**

- Die Butter circa eine Stunde vor der Zubereitung aus dem Kühlschrank holen.

- Den Knoblauch schälen und pressen und dann mit allen Zutaten, auch der Butter, vermischen.

- Danach knapp 30 Minuten kalt stellen.

- So hält sich die Butter circa zwei bis drei Wochen.

---

Zubereitungszeit: ca. 5 Minuten / 30 Minuten Kühlzeit | Portionen: 10 | Schwierigkeitsgrad: 

# PESTO MIT GEGRILLTER PAPRIKA

**ZUTATEN:**
- 3 rote Paprika
- 2 Knoblauchzehen
- 80 g Parmesan
- 50 g Pinienkerne
- ½ TL Salz
- 80 ml Olivenöl

**ZUBEREITUNG:**
- Die Paprika waschen, halbieren und entkernen. Die Paprikahälften auf der mittleren Ebene im Oberhitzegrill bei mittlerer Temperatur 5–6 Minuten grillen, bis die Haut schwarz ist.

- Die gegrillten Paprikahälften abkühlen lassen und die verbrannte Haut abziehen.

- Knoblauch schälen, zusammen mit Parmesan, Pinienkernen und Salz in einen Mixer geben. 160 Gramm der gehäuteten Paprika hinzufügen und alles zu einer cremigen Masse pürieren.

- Das Olivenöl hinzufügen und unterrühren.

---

Zubereitungszeit: ca. 20 Minuten | Portionen: 6 | Schwierigkeitsgrad: 

# SRIRACHA-BBQ-SAUCE

**ZUTATEN:**
- 400 g passierte Tomaten
- 50 g Erythrit, alternativ ca. 40 g Zucker
- 5 TL Sriracha
- 6 TL Sojasauce
- 3 TL Aceto balsamico
- 2 TL Schnittlauch, gefriergetrocknet
- 5 TL Weißweinessig
- 1 TL geräuchertes Paprikapulver
- 1 TL Knoblauchpulver
- 2 TL Salz

**ZUBEREITUNG:**
- Alle Zutaten in einem Topf aufkochen.

- Die Sauce knapp 5 Minuten leise köcheln lassen.

- Entweder sofort servieren oder in einem luftdichten Glas verschlossen in den Kühlschrank stellen.

---

Zubereitungszeit: ca. 10 Minuten | Portionen: 10 | Schwierigkeitsgrad: 

# ZAZIKI

**ZUTATEN:**

- ½ Salatgurke
- Salz
- 2 Knoblauchzehen
- 200 g griechischer Joghurt
- 200 g Schafsmilchjoghurt (wenn ihr diesen nicht bekommt, nehmt 400 g griechischen Joghurt)
- Pfeffer

**ZUBEREITUNG:**

- Die Gurke schälen, längs halbieren und das Kerngehäuse mit einem Löffel herauskratzen.

- Die Gurke mit einem Hobel in dünne Scheiben schneiden, salzen und 30 Minuten ziehen lassen.

- Knoblauch schälen und in eine Schüssel pressen, beide Joghurts dazugeben und alles miteinander vermischen.

- Jetzt können die Gurken ausgedrückt und ohne die Flüssigkeit unter den Joghurt gehoben werden.

- Alles gut vermischen und mit Salz und Pfeffer abschmecken.

---

Zubereitungszeit: ca. 10 Minuten | Portionen: 4 | Schwierigkeitsgrad: 

# PFEFFER

## PFEFFER IST MIT DER SPANNENDSTE NEBENDARSTELLER AUF EINEM PERFEKTEN STEAK!

Die Vielfalt an Premiumfleisch hat in den letzten Jahren eine enorme Entwicklung gemacht. Noch in den 1990er-Jahren galt argentinisches Filet als das „Nonplusultra". Spezielle Zuschnitte wie Flanksteak, Onglet, aber auch Dry-Aging-Verfahren und Züchtungen wie Wagyu bereichern und beleben die Steakkultur der letzten Jahre. Als besonderer Geheimtipp für Schweinefleisch gilt das Kachelfleisch, ein besonders zartes und saftiges Stück, welches aus dem Schinken geschnitten wird. Selbst für die Zubereitung gilt eine Vielfalt an Philosophien wie zum Beispiel Sous Vide. Als perfektes Finish kann ein passender Pfeffer das Genusserlebnis auf eine neue Ebene bringen.

Als Gründer der Spicebar Gewürz-Manufaktur bin ich mehrmals im Jahr bei unseren Farmern in Kambodscha, Nepal und Indien, um Anbau und Ernte unserer Pfeffer zu begleiten und die Qualitäten auf ein besonderes Niveau zu bringen und es auf diesem zu halten. Das gemeinsame Kochen und Grillen hat bei uns im Team einen hohen Stellenwert, dadurch ist guter Pfeffer für mich persönlich ein besonderer Genussverstärker, ein Produkt mit Geschichte, Liebe und Leidenschaft.

### BENÖTIGT EIN GUTES STEAK ÜBERHAUPT PFEFFER?

Die Antwort ist ganz klar: Jein. Ein dry-aged Rib-Eye-Steak kann pur, sogar ohne Salz ein Hochgenuss sein. Mit dem passenden Begleiter lassen sich jedoch die verschiedensten Kompositionen herauskitzeln. Ich persönlich habe oft ein Steak pur genossen – das Finish mit einem guten Pfeffer bereitet mir jedoch den größten Genuss.

Pfeffer beinhaltet ein Zusammenspiel aus Piperin, welches für die Schärfe sorgt, und ätherischen Ölen, die maßgeblich geschmacksgebend sind. Die ätherischen Öle sind ebenso wie das Fett aus dem Fleisch hydrophob, das heißt wassermeidend. Richtig eingesetzt, verbinden sich die ätherischen Öle mit denen des Fleisches und schaffen gemeinsam eine ganz neue Komposition. Hierzu ist es besonders wichtig, dass der Pfeffer über einen hohen Anteil ätherischer Öle verfügt. Gute, aromatische Pfeffer sind daher:

- maximal ein Jahr alt, das heißt Jahrgangspfeffer. Durch die Lagerung verfliegen nach und nach die ätherischen Öle und der Pfeffer ist eigentlich hauptsächlich noch scharf. Leider gibt es viele Pfeffer im Markt, die bereits drei Jahre alt sind und ein langes Lagerleben fristeten.

- von guter Anbauqualität. Lehmige Böden und langsames Wachstum sowie schonende Trocknung sorgen für vollaromatische Pfefferbeeren. Besonders Tellicherry-, Sansibar- und Kampot-Pfeffer enthalten viele ätherische Öle und sind im Aroma vielschichtig.

Neben dem schwarzen Pfeffer ist der weiße Pfeffer sehr bekannt – dieser entstammt der gleichen Pflanze. Die Beeren werden jedoch in der Regel reifer geerntet und in Wasser aufgeweicht, sodass die Schalen entfernt werden können. Liegen die Beeren zu lange im stehenden Wasser, wird der weiße Pfeffer muffig – leider ist dies bei 90 Prozent der weißen Pfeffer, die in Deutschland erhältlich sind, der Fall. Ein guter weißer Pfeffer sollte frisch riechen und kommt oft mit einer feinen Zitrusnote daher.

Besonders interessant ist der echte rote Pfeffer (nicht zu verwechseln mit rosa Pfefferbeeren). Dieser ist sehr schwer zu trocknen, da er vollreif geerntet wird und bei falscher Behandlung nach der Ernte schnell schimmeln kann. Diese Fertigkeit zur Herstellung eines guten und genießbaren roten Pfeffers beherrschen in der Regel nur die Bauern aus Kampot, Kambodscha und Puducherry in Indien. Der echte rote Pfeffer bringt feine fruchtige Noten mit, analog zu reifen Früchten oder Gemüse.

Mit unserem Landwirtschaftsbetrieb in Kambodscha stellen wir den fermentierten Pfeffer her, ein besonderes Erlebnis, da der Pfeffer seine gesamten ätherischen Öle behält. Wir behandeln den frischen Pfeffer mit Meersalz, welches ihm die Feuchtigkeit entzieht. Durch das häufige Wenden, Abspülen und Einsalzen wird ein Teil des Piperins ausgespült, was dafür sorgt, dass der Pfeffer vollaromatisch und wenig scharf ist. Ich kenne viele Menschen, die den Pfeffer pur wie Erdnüsse verdrücken – ein besonderes Erlebnis auf einem guten Steak oder im Kartoffelpüree.

Neben dem typischen eigentlichen Pfeffer gibt es weitere artverwandte Pfeffersorten wie den Langpfeffer oder Voatsiperifery-Pfeffer und weitere botanische Gattungen, die wie Pfeffer verwendet werden können – ich persönlich liebe etwa den Tasmanischen Bergpfeffer, Andaliman- und den Cumeo-Pfeffer, der mit intensiven Grapefruitnoten überzeugt. Insgesamt gibt es über 28 relevante verschiedene Pfeffersorten; es lohnt sich, sie zu probieren!

## DIE GRETCHENFRAGE: WANN UND WIE WIRD DER PFEFFER OPTIMAL AUF DAS FLEISCH GEGEBEN?

Um die ätherischen Öle zu erhalten, empfehle ich, den Pfeffer frisch nach dem Röstvorgang des Fleisches direkt auf das Steak zu mahlen und dem Pfeffer während der Ruhephase des Steaks Zeit zu geben, sich mit den Aromen des Steaks zu verbinden.

Beim Salzen spielt dies kaum eine Rolle, es gibt das Lager, welches auf ein Salzen nach dem Rösten schwört, ebenso gibt es Verfechter des Salzens vor dem Rösten. Ich persönlich salze vorher sparsam mit feinem Salz und gebe nach dem Garen noch etwas Flor de Sal hinzu.

Nach vielen Jahren des Tüftelns und Probierens teile ich gern meine Lieblingskompositionen und Kombinationen:

## GEWÜRZBUTTER MIT LANGPFEFFER, VOATSIPERIFERY-PFEFFER UND FERMENTIERTEM PFEFFER

200 Gramm Butter in der Pfanne schmelzen, circa 5 Gramm Langpfeffer, 5 bis 8 Gramm Voatsiperifery-Pfeffer und 10 Gramm fermentierten Pfeffer im Mörser zerstoßen und zur Butter geben und für circa 5 bis 8 Sekunden anrösten. Wer mag, kann noch 4 bis 5 Gramm Knoblauch oder Kokosblütenzucker (keinen Raffinade- oder Rohrohrzucker, dieser würde karamellisieren) hinzugeben. Ein Traum auf Rind- und Schweinefleisch! Die Butter kann so frisch über das Steak oder die Kartoffeln gegeben werden oder erkaltet im Kühlschrank aufbewahrt werden. Bei mir blieb jedoch nie etwas übrig …

## ANDALIMAN- UND WEISSER KAMPOT-PFEFFER - PERFEKT FÜR LACHS UND ALLE FETTFISCHE

5 Gramm Andaliman- und 5 Gramm weißen Kampot-Pfeffer im Mörser fein zerstoßen und mit 30 Gramm Flor de Sal mischen – ein wunderbarer Finisher für Fisch. Der Andaliman-Pfeffer sorgt für eine zitronige Note und ein leichtes „Bitzeln“ auf der Zunge und regt die Geschmacksnerven an.

## ZITRONENHÄHNCHEN MIT CUMEO-PFEFFER

Hähnchenbrust mit Olivenöl und etwas Salz einreiben und zusammen mit Rosmarin über Nacht im Vakuumbeutel oder in Frischhaltefolie ziehen lassen. Unter dem Oberhitzegrill garen. 5 bis 6 Körner Cumeo mit 1 Prise Flor de Sal mörsern und als Finish auf die Hähnchenbrust streuen.

## TIPP

Wer seinen „normalen“ schwarzen Pfeffer aufwerten möchte und mehr Aroma herauskitzeln will, kann zu seinem Pfeffer circa 10 Prozent Voatsiperifery-Pfeffer oder 10 Prozent Langpfeffer geben. Diese beiden Pfeffersorten sind sehr aromatisch und heben den Eigengeschmack des Pfeffers.

**Weitere Informationen: www.spicebar.de**

# ERST DIE REIFUNG MACHT DAS FLEISCH ZUM STEAK

Trotz all den tollen Sachen, die man mit dem Oberhitzegrill zubereiten kann, bleibt doch das Steak des Deutschen liebstes Grillgut. Aber was macht eigentlich ein Steak zum Steak? Zur Klärung dieser Frage haben wir einen absoluten Experten befragt: David Schrand.

David Schrand beschäftigt sich seit dem Jahr 2010 intensiv mit Dry Aging. Seitdem perfektioniert der studierte Fleischtechnologe und Inhaber der eatventure® GmbH die Technik der Fleischveredelung durch Trockenreifung.

## LANGE GEREIFT, UM KURZ GEGRILLT ZU WERDEN

Was macht ein Steak zum Steak? Ist es der Zuschnitt? Muss es unbedingt vom Rind sein, um sich Steak nennen zu dürfen? Nein, es ist die Reifung!

Veredelt man ein Stück Fleisch durch den entscheidenden Faktor Zeit, kann daraus etwas Magisches entstehen. Die Japaner reifen am liebsten ihren Thunfisch, die Franzosen ihr Edelgeflügel und wir Deutschen unser Rindfleisch.

## DIE BEKANNTESTEN REIFEARTEN

## GRUNDLAGEN

Der entscheidende Faktor bei der natürlichen Steakreifung ist wie eingangs schon erwähnt die Zeit. Denn je länger das Fleisch reifen kann, desto mehr Zeit haben die fleischeigenen Enzyme, die Bindegewebsstrukturen aufzuspalten. Unterschiedliche Reifearten haben natürlich auch unterschiedliche Auswirkungen auf den Geschmack des Fleischs.

## DIE REIFEARTEN

Unterteilt wird in die Hauptkategorien Reifung an der Luft (etwa Dry Aging, ShioMizu Aging, Edelschimmel-Reifung) und Reifung unter Luftabschluss (zum Beispiel Wet Aging, Aqua Aging, Talgreifung).

## DRY AGING - DER ALTE KULT

Kurz gesagt ist Dry Aging (zu Deutsch „Trockenreifung") die alte Metzgerkunst des Fleischabhängens an der Luft. Die Kunst beim Dry Aging ist es, die Wirkung der fleischeigenen Enzyme mit den Enzymen der Bakterien und Schimmelsporen aus der Luft so in Einklang zu bringen und aufeinander abzustimmen, dass ein mild-erdiges, buttrig-nussiges Aroma entsteht, gepaart mit dem individuellen Rindfleischcharakter der jeweiligen Rinderrasse.

**Zubereitung Dry Aging:**

Keep it simple! Scharf angrillen für eine krosse Kruste und danach bei ca. 100 °C ruhen lassen, bis das Fleisch die gewünschte Kerntemperatur erreicht hat.

Das Ruhen kann beispielsweise in einem Backofen oder direkt vor dem Oberhitzegrill in einer Metallschale passieren. Hauptsache ist, das Steak bekommt ausreichend Strahlungshitze ab.

Salzen kann man vor dem Grillen, pfeffern später. Salz ist ein Mineral und verbrennt nicht bei Grilltemperaturen. Pfeffer – wie auch andere Gewürze – verbrennt jedoch und wird dadurch unangenehm bitter.

## EDELSCHIMMELREIFUNG - INTENSIV ANDERS

Die Edelschimmelreifung ist vergleichbar mit dem Dry Aging, da auch hier große Rindfleischteile an der Luft reifen. Jedoch spielen Schimmelpilze hier die vorherrschende Rolle. Die frischen, an der Luft reifenden Rindfleisch-Stücke werden mit einer Lösung besprüht, in der die gewünschte Edelschimmelkultur gelöst ist. Ziel ist es, dass genau diese Kultur dominant auf dem Fleisch wächst, um zartmachende oder aromagebende Eigenschaften an das Fleisch abzugeben.

**Zubereitung Edelschimmel-Steaks:**
Hier empfehle ich die gleiche Vorgehensweise wie bei Dry Aged Steaks (siehe oben).

## SMOKE AGING - DAS BACON STEAK

Beim Smoke Aging handelt es sich wie beim Dry Aging um eine mehrwöchige Reifung mit dem zusätzlichen Einfluss von Kaltrauch (meist natürlicher Buchenrauch). Das reifende Rindfleisch nimmt schonend den milden Rauchgeschmack an und vereint so den Geschmack eines guten Dry Aged Steaks mit dem hinreißenden Geschmack von Bacon.

**Zubereitung Smoke Aged:**
Hier empfehle ich grundsätzlich die gleiche Zubereitung wie bei Dry Aged Steaks (siehe oben). Einziger Unterschied ist hier, dass man bei Smoke Aged Steaks mutiger würzen kann.

**Tipp:**
Smoke Aged Steaks mit feucht fermentiertem Pfeffer kombinieren – ein absolut einzigartiges Geschmackserlebnis.

## WET AGING - POPULÄR UNPOPULÄR

Beim Wet Aging werden die ausgelösten und portionierten Steaks oft schon wenige Tage nach der Schlachtung in gasdichten Kunststoffbeuteln unter Vakuum verpackt und reifen dann mehrere Wochen darin. Gekühlt ist das Fleisch so mehrere Wochen haltbar. Den perfekten Reifegrad erreicht das vakuumierte Steak erst kurz vor Ablauf der Haltbarkeit. Daher reift ein guter Anbieter/Produzent das Fleisch auch beim Wet Aging stets bis zum perfekten Reifegrad und sichert diesen Moment für den Kunden durch Schockfrostung.

**Zubereitung Wet Aged:**
Anders als die an der Luft gereiften Steaks eignen sich Wet Aged Steaks nach meiner Erfahrung sehr gut für das Sous-Vide-Garverfahren. Die vorgegarten Steaks dann kurz auf einem heißen Grill mit Röstaromen versehen und fertig ist ein auf den Punkt perfektes Steak. Aber selbstverständlich kann man Wet Aged Steaks auch normal grillen (siehe Zubereitung Dry Aged).

## SHIOMIZU® AGING - DER NEUE KULT

ShioMizu® Aging ist unser hauseigenes, offiziell angemeldetes Reifeverfahren.

Geschmacklich ist es das eleganteste Verfahren und überzeugt nahezu jeden Steak-Fan.

Fleisch, das nach dem ShioMizu®-Aged-Verfahren veredelt wird, reift – ähnlich wie beim Dry-Aging-Verfahren – über mehrere Wochen an der Luft in speziellen Reifekammern, jedoch bei leicht schwankenden Temperaturen rund um den Gefrierpunkt sowie wechselnder Luftfeuchtigkeit.

Während der wochenlangen Reifezeit wird das Fleisch in bestimmten Intervallen mit einer flüssigen Urmeer-Salzsole besprüht. Diese Sole wird aus circa 800 Meter Tiefe gefördert und ist frei von schädlichen Umwelteinflüssen.

Das ShioMizu® Aging eignet sich somit hervorragend dazu, Rindfleisch von hochwertigen Rinderrassen zu veredeln, bei deren Haltung besonderer Wert auf eine hochwertige Fütterung gelegt wurde.

Die mit diesem Verfahren veredelten Steaks besitzen eine natürliche Zartheit, einen klaren Reifegeschmack und verfügen über eine bessere Krustenbildung beim Grillen.

**Zubereitung ShioMizu® Aged:**
Den reinen Geschmack erzielen Sie, wenn Sie die ShioMizu® Steaks völlig frei von zusätzlichen Würzmitteln grillen. Bei ShioMizu® Rindersteaks empfehle ich den Gargrad medium rare bis medium (52 bis 54°C im Kern), so sind Steakgeschmack und Konsistenz nach meinem Gusto am besten. Beachtet man die Zubereitungsmethode wie beim Dry Aging (siehe Zubereitung Dry Aging), kann man kaum etwas falsch machen.

**Mehr Informationen: www.eatventure.de/veredelung**

www.kuestenglut.de

# FRAGEBOGEN KÜSTENGLUT

**Wer bist du und woher kommst du?**
Mein Name ist Sascha Lotzmann und ich komme aus Bad Oldesloe.

**Was machst du neben deinem Blog im Leben 1.0?**
Ich arbeite als Produktmanager in einer Sparkasse.

**Wie heißt dein Blog und gibt es dazu eine Geschichte? Wie bist du auf den Namen gekommen?**
Ich wohne im schönen Norden und wollte, dass man das im Namen gleich erkennt. Von hier sind es nur 30 Minuten bis zur Ostsee, da lag der Teil „Küste" auf der Hand. Und da ich eher auf Kohle als auf Gas grille, war der Name „Küstenglut" geboren.

**Seit wann bloggst du? Und wieso hast du damit angefangen?**
Angefangen hat das Ganze auf Instagram im Jahr 2015. Ich hatte vorher hin und wieder Landschaftsbilder von meinen Wanderungen gepostet – ohne Resonanz. Das erste Grillbild erhielt dann prompt drei Likes. Also bin ich lieber dabei geblieben. Mit der eigenen Internetseite bin ich Anfang 2018 gestartet, da ich dort mehr Platz habe, Dinge zu erklären.

**Was ist dein Lieblingsrezept von deinem Blog und gibt es ein Lieblingsrezept, das noch nicht auf deinem Blog ist?**
Mein Lieblingsrezept ist eindeutig „Lachs mit Küstenkruste". Obwohl ich das im vergangenen Jahr sehr häufig auf Veranstaltungen gegrillt habe, mag ich es immer noch sehr gern. Ansonsten liebe ich Grünkohl aus dem Dutch Oven, das muss ich dringend noch aufschreiben.

**Was isst du für dein Leben gern und womit kann man dich jagen?**
Wenn es auf der Welt keinen Rosenkohl mehr gäbe, wäre das für mich kein Verlust. Aber Steaks würde ich dafür umso mehr vermissen!

**Was ist das schönste Erlebnis in Zusammenhang mit deinem Blog?**
Die vielen tollen Leute, die ich durch mein Hobby kennenlernen durfte, sind mein Highlight. Dazu zählen natürlich auch diejenigen, die ich vorher nur aus dem Fernsehen kannte. Aber genauso die vielen, vielen Grillverrückten, die (noch) keiner kennt, die mich aber immer wieder inspirieren mit dem, was sie tun.

**Was war das Erste, was du von einem Oberhitzegrill gegessen hast?**
Ein riesiges Tomahawk-Steak.

**Was begeistert dich an einem Oberhitzegrill am meisten?**
Durch die starke Hitze von oben ist es eine ganz neue Spielart des Grillens. Es tropft kein Fett in die Glut, es entstehen keine Flammen. Und man kann schnell Speisen veredeln.

www.jailhousecooking.de

# FRAGEBOGEN

# JAILHOUSE

**Wer bist du und woher kommst du?**
Ich bin Thorsten Nowak, 45 Jahre und komme aus Wittmar. Dies liegt bei Wolfenbüttel.

**Was machst du neben deinem Blog im Leben 1.0?**
Ich bin Justizvollzugsbeamter. Ich treffe gern Freunde und genieße die Zeit, wenn ich meine Kids habe.

**Wie heißt dein Blog und gibt es dazu eine Geschichte? Wie bist du auf den Namen gekommen?**
Mein Blog heißt „Jailhouse CooKing". Der Name meines Blogs sollte eine persönliche Note haben. Ich wollte aber keinen Teil meines Namens nehmen. Also nahm ich meinen Job …

**Seit wann bloggst du? Und wieso hast du damit angefangen?**
Angefangen habe ich vor circa zweieinhalb Jahren. Angefangen hat es nach einem Kauf eines Gasgrills. Die Sucht hatte mich gepackt. Eigentlich wollte ich nur meine Bilder und eigenen Versuche ordentlich ablegen und sichern. Nun ja … daraus wurde dann mehr.

**Was ist dein Lieblingsrezept von deinem Blog und gibt es ein Lieblingsrezept, das noch nicht auf deinem Blog ist?**
Es gibt vieles, was ich besonders mag. Und auch meine Vorlieben ändern sich ab und an. Von daher kann ich mich dort nicht wirklich festlegen.

**Was isst du für dein Leben gern und womit kann man dich jagen?**
Ein Steak oder ein Burger geht immer. Aber auch eine tolle Bratwurst oder Pasta ist mir gern willkommen. Rosenkohl mag ich gar nicht. Das hat Oma versaut.

**Was ist das schönste Erlebnis in Zusammenhang mit deinem Blog?**
Die vielen tollen Menschen, die ich dadurch kennengelernt habe. Die Hilfsbereitschaft, die ich bei den BBQ-ELFEN erfahre. Es gibt viel positive Energie.

**Was war das Erste, was du von einem Oberhitzegrill gegessen hast?**
Ein Steak und dann einen Burger.

**Was begeistert dich an einem Oberhitzegrill am meisten?**
Dass man einfach mehr als nur das Steak drauf machen kann. Die Power und die Krusten, die entstehen.

www.diejungskochenundbacken.de

# FRAGEBOGEN

# DIE JUNGS

### Wer seid ihr und woher kommt ihr?

Wir sind Sascha (34) und Torsten (48) aus dem schönen Köln.

### Was macht ihr neben eurem Blog im Leben 1.0?

**Torsten:** Ich bin Vorstandsassistent in der Medizinbranche. Also das komplette Kontrastprogramm zu unserem Blog. **Sascha:** Ich bin mittlerweile selbstständig mit dem Blog und arbeite daneben als Foto- und Videoeditor. Man kann also sagen, ich habe mein Hobby zum Beruf gemacht.

### Wie heißt euer Blog und gibt es dazu eine Geschichte? Wie seid ihr auf den Namen gekommen?

Unser Blog heißt „Die Jungs kochen und backen". Der Name ist in erster Linie unseren Freunden zu verdanken, denn immer, wenn sie von uns beiden sprechen, sagen sie „die Jungs", und so war der Name einfach naheliegend.

### Seit wann bloggt ihr? Und wieso habt ihr damit angefangen?

Mit dem Blog haben wir 2012 gestartet. Allerdings war es nie unser Ziel, Blogger zu werden, denn eigentlich wollten wir die Rezepte nur für Familie und Freunde online verfügbar machen, da wir keine Lust hatten, ständig Rezepte aufzuschreiben. Plötzlich haben auch fremde Menschen unsere Rezepte entdeckt, und so kam eins zum anderen.

### Was ist euer Lieblingsrezept von eurem Blog und gibt es ein Lieblingsrezept, das noch nicht auf eurem Blog ist?

**Torsten:** „Oje, das ist wirklich nicht einfach zu beantworten. Aber ich würde sagen, unser Rezept für ein „Roadkill Chicken", denn es macht aus einem einfachen Hähnchen ein absolutes Geschmackserlebnis. Fehlen tut ganz klar noch Kaiserschmarren. **Sascha:** „Mein Lieblingsrezept ist eine Pannacotta mit Passionsfruchtkernen und Basilikum. Denn dieses Dessert schmeckt nicht nur genial, sondern macht auch optisch ordentlich was her, und ich war extrem stolz auf das Ergebnis. Und stimmt, der Kaiserschmarren muss jetzt wirklich mal auf den Blog."

### Was esst ihr für euer Leben gern und womit kann man euch jagen?

**Torsten:** Einem guten Gyros kann ich einfach nicht widerstehen. Und jagen kann man mich eigentlich mit nichts, Sascha sagt immer, ich würde einfach alles essen. **Sascha:** Nougat ist für mich eine der leckersten Sachen der Welt. Das könnte bei mir gut in jeder Süßspeise vorkommen. Antipasti kommen bei mir allerdings definitiv nie auf den Teller, ich mag die Konsistenz einfach überhaupt nicht.

### Was ist das schönste Erlebnis in Zusammenhang mit eurem Blog?

Unser erstes eigenes Buch. Denn trotz digitaler Welt ist auch für die meisten Blogger ein eigenes gedrucktes Buch ein absolutes Highlight.

### Was war das Erste, was ihr von einem Oberhitzegrill gegessen habt?

Ein verdammt gutes Steak! Wir waren völlig von den Socken, denn noch nie hat ein Stück Fleisch so geschmeckt.

### Was begeistert euch an einem Oberhitzegrill am meisten?

Die Geschwindigkeit und die Vielseitigkeit beim Grillen. Es geht noch viel mehr als nur Fleisch, und der Oberhitzegrill eignet sich hervorragend zum Experimentieren.

www.mrnicefood.de

# FRAGEBOGEN

# MR. NICEFOOD

**Wer bist du und woher kommst du?**
Mein Name ist Heiko. Ich wohne in Diepholz, zwischen Hannover und Bremen.

**Was machst du neben deinem Blog im Leben 1.0?**
Ich bin Verkaufsleiter in einem Autohaus.

**Wie heißt dein Blog und gibt es dazu eine Geschichte? Wie bist du auf den Namen gekommen?**
Mein Blog heißt „Mr.Nicefood". Der Name stammt aus der Idee, dass ich auf tolles Essen stehe, also auf „nice food". Da ich ein Mister bin, ist so der Name geboren worden. Mittlerweile ist auch eine Ms dazu gekommen, sodass wir eigentlich zu zweit sind. Ohne meine Frau Kristina könnte ich den Blog nie bewältigen.

**Seit wann bloggst du? Und wieso hast du damit angefangen?**
Es ging 2014 los. Meine Frau hat auf Instagram immer Herzchen verteilt, ich habe mich gefragt, warum sie das macht. So kam ich zu Instagram, und über Instagram habe ich den Blog angefangen. Ich liebe gutes Essen, so sehr, dass ich es teilen wollte.

**Was ist dein Lieblingsrezept von deinem Blog und gibt es ein Lieblingsrezept, das noch nicht auf deinem Blog ist?**
Tjoa, das klingt jetzt komisch, denn ich habe gar kein Lieblingsrezept. Es gibt soooo viele tolle Sachen, die man kochen oder grillen kann; mich auf eine festlegen, das ist so gar nicht meins. Ich würde mich da eher auf gute Qualität bei den Zutaten festlegen.

**Was isst du für dein Leben gern und womit kann man dich jagen?**
Ich liebe Fleisch. In fast allen Varianten, wichtig ist mir nur, dass die Herkunft und Qualität passen.

Früher habe ich Kümmel gehasst, heute geht es, zart dosiert. Jagen kann mich mit Gerichten, die lieblos hingeklatscht sind, und Restaurantessen, das mit Pulver zubereitet ist, damit kann man mich jagen.

**Was ist das schönste Erlebnis in Zusammenhang mit deinem Blog?**
Dass ich so viele tolle Menschen dadurch kennenlernen durfte, das ist das Größte.

**Was war das Erste, was du von einem Oberhitzegrill gegessen hast?**
Natürlich ein gutes Steak.

**Was begeistert dich an einem Oberhitzegrill am meisten?**
Dass ich sehr schnell eine hohe Temperatur zur Verfügung habe, zudem ist es eine sehr saubere Lösung zu grillen.

www.felixkochbook.de

# FRAGEBOGEN

# FELIX` KOCHBOOK

**Wer bist du und woher kommst du?**
Mein Name ist Felix Schäferhoff und ich komme aus dem schönen Münster. Genauer aus Handorf-Dorbaum.

**Was machst du neben deinem Blog im Leben 1.0?**
Ich bin selbstständiger Mediengestalter.

**Wie heißt dein Blog und gibt es dazu eine Geschichte? Wie bist du auf den Namen gekommen?**
Mein Blog heißt „Felix` Kochbook". Ursprünglich gegründet habe ich ihn als Facebook-Seite, um meinen Leuten zu zeigen, was ich so koche. Vor allem Bilder vom Essen aus dem Sommerlager, für das ich sechs Jahre ehrenamtlich 14 Tage gekocht habe, waren ausschlaggebend für die Seite.

**Seit wann bloggst du? Und wieso hast du damit angefangen?**
Die Facebook-Seite gibt es seit 2014. Mit dem Bloggen habe ich 2016 angefangen, weil ich bis dahin nur Fotos gemacht habe und einige Leute dann nach den Rezepten gefragt haben. Die Bilder für eine Webseite zu nutzen, war dann auch noch eine große Motivation, sie zu verbessern.

**Was ist dein Lieblingsrezept von deinem Blog und gibt es ein Lieblingsrezept, das noch nicht auf deinem Blog ist?**
Meine Lieblingsrezepte sind wohl Avocado-Kokos-Nudeln oder Tortellini-Carbonara. Schnitzel fehlen noch.

**Was isst du für dein Leben gern und womit kann man dich jagen?**
Mein Laster sind wohl Sahnesoßen und alles, was mit Nudeln zu tun hat, esse ich einfach gerne. Fleisch spielt auch eine große Rolle beim Kochen, aber nur, wenn Qualität dahintersteckt.

Ich mag überhaupt keinen Koriander und Ketchup finde ich auch ziemlich langweilig.

**Was ist das schönste Erlebnis in Zusammenhang mit deinem Blog?**
Zum Beispiel, dass ich gefragt wurde, bei diesem Kochbuch mitzuschreiben. Aber auch Besuche bei verschiedenen Veranstaltungen, zu denen ich wohl ohne Blog nicht eingeladen worden wäre.

**Was war das Erste, was du von einem Oberhitzegrill gegessen hast?**
Ich meine, es war ein Steak. Aber welches genau, weiß ich nicht mehr.

**Was begeistert dich an einem Oberhitzegrill am meisten?**
Die Kruste auf dem Fleisch oder auch die Käsekruste auf Überbackenem.

**www.malteskitchen.de**

# FRAGEBOGEN

# MALTES KITCHEN

**Wer bist du und woher kommst du?**
Über diese philosophische Frage denke ich schon sehr lange ergebnislos nach. Ich komme übrigens aus dem Ruhrpott, aus dem wunderschönen, schönen Oberhausen.

**Was machst du neben deinem Blog im Leben 1.0?**
Sooft es geht Zeit mit meinem Sohn verbringen.

**Wie heißt dein Blog und gibt es dazu eine Geschichte? Wie bist du auf den Namen gekommen?**
Mein Blog heißt „Maltes Kitchen" und dieser fantasievolle Name ist mir überraschenderweise innerhalb weniger Sekunden zugeflogen. So was passiert, wenn man nicht nachdenkt.

**Seit wann bloggst du? Und wieso hast du damit angefangen?**
Ich blogge seit März 2012 und habe im gleichen Monat mein erstes selbst gekochtes Gericht zubereitet. Zuvor konnte ich nicht mal Eier trennen.Nach jahrelangem exzessiven Fast-Food-Konsum entschied ich mich 2012, das Kochen zu lernen. Der Blog sollte meine ersten Kochversuche dokumentieren und mich davon abhalten, dieses Vorhaben aufzugeben. Mit meinem Blog wollte ich mich also selber ein wenig unter Druck setzen und mich gleichzeitig motivieren.

**Was ist dein Lieblingsrezept von deinem Blog und gibt es ein Lieblingsrezept, das noch nicht auf deinem Blog ist?**
Das ist fast unmöglich zu beantworten, weil es so viele Lieblingsrezepte gibt. Ganz oben auf der Liste steht sicherlich die Bratwurst in Zwiebelsoße mit Kartoffelpüree, gefolgt von den Fettuccine Alfredo.

Es gibt noch so einige Lieblingsrezepte, die es noch nicht auf meinen Blog geschafft haben. Königsberger Klopse zum Beispiel oder der Klassiker, Kaiserschmarren.

**Was isst du für dein Leben gern und womit kann man dich jagen?**
Ich liebe die asiatische Küche und habe eine große Schwäche für Dim Sum aller Arten. Für gute Frikadellen kann ich mich auch jederzeit begeistern und an einem leckeren Pastagericht komme ich auch kaum vorbei.

Ich mag keinen Schimmelkäse, weder Roquefort noch Gorgonzola und Konsorten.

**Was ist das schönste Erlebnis in Zusammenhang mit deinem Blog?**
Da gibt es kein konkretes Erlebnis. Generell ist das Feedback von Menschen, die meine Rezepte nachgekocht und gemocht haben, so ziemlich das Schönste am Bloggen. Und auch die Kontakte zu anderen Foodbloggern, aus denen sich hin und wieder sogar Freundschaften entwickeln, möchte ich nicht missen.

**Was war das Erste, was du von einem Oberhitzegrill gegessen hast?**
Natürlich ein Steak, ein Rib-Eye. Es war Liebe auf den ersten Biss.

**Was begeistert dich an einem Oberhitzegrill am meisten?**
Der Geruch, der Geschmack, die Kruste auf dem Fleisch, das Gefühl, die Hitze, die vielfältigen Einsatzmöglichkeiten. Mit einem Oberhitzegrill zu grillen, macht einfach Riesenspaß.

www.schlemmerkatze.de

# FRAGEBOGEN SCHLEMMERKATZE

**Wer seid ihr und woher kommt ihr?**
Wir sind Katharina und Jörg und kommen aus dem Raum Marburg in Hessen.

**Was macht ihr neben eurem Blog im Leben 1.0?**
Wir sind Seelsorger, Notfallmanager und Freund & Helfer. Kurz gesagt: Polizeibeamte.

**Wie heißt euer Blog und gibt es dazu eine Geschichte? Wie seid ihr auf den Namen gekommen?**
Unser Blog heißt „Schlemmerkatze" und eine geheimnisvolle Entstehungsgeschichte gibt es dazu nicht. Man nennt mich (Katharina) mit Spitznamen „Cat" – daher die Katze im Namen. Die ursprüngliche Idee war „Cat's Fine Food", aber da dachten alle an Katzenfutter … Freunde haben uns geraten, einem deutschen Foodblog auch einen deutschen Namen zu geben, und so entstand die „Schlemmerkatze".

**Seit wann bloggt ihr? Und wieso habt ihr damit angefangen?**
Den Blog gibt es seit 2014 und er war zunächst als persönliche Rezeptsammlung gedacht, damit Omas Rezepte nicht verloren gehen. Nie hätten wir uns träumen lassen, dass sich so viele Menschen dafür interessieren, was bei uns auf dem Esstisch landet. Wir haben durch das Bloggen so viele tolle Menschen kennengelernt, dass wir nur sagen können: eine der besten Entscheidungen in unserem Leben!

**Was ist euer Lieblingsrezept von eurem Blog und gibt es ein Lieblingsrezept, das noch nicht auf eurem Blog ist?**
Lieblingsrezepte wechseln bei uns täglich! Heute wären es Donauwelle und Erbsensuppe mit Mehlklößchen (beides aus Omas Küche). Generell lieben wir aber sämtliche Risotto- und Pastarezepte von unserem Blog. Was unbedingt noch auf den Blog muss, ist Tiramisu!

**Was esst ihr für euer Leben gern und womit kann man euch jagen?**
**Katharina:** Pasta in allen Variationen und Austern.

**Jörg:** Bratwurst und Fisch.

**Was ist das schönste Erlebnis in Zusammenhang mit eurem Blog?**
Gemeinsame Events mit befreundeten Bloggern und selbst veranstaltete Workshops, bei denen wir die Begeisterung fürs Kochen und Essen mit Gleichgesinnten teilen können.

**Was war das Erste, was ihr von einem Oberhitzegrill gegessen habt?**
Steak – einfach pur mit Salz und Pfeffer.

**Was begeistert euch an einem Oberhitzegrill am meisten?**
Die Zubereitung von leckeren Speisen in kürzester Zeit. Und nebenbei finden wir ganz großartig, dass alles leicht zu reinigen ist.

www.moeyskitchen.com

# FRAGEBOGEN

# MOEY'S KITCHEN

**Wer bist du und woher kommst du?**

Ich bin Maja, komme gebürtig aus Hessen und lebe mit meinem Mann in der Nähe von Köln.

**Was machst du neben deinem Blog im Leben 1.0?**

Ich arbeite hauptberuflich als Online-Marketing-Managerin, setze Kampagnen auf und erstelle Ads. Die Arbeit ist deswegen inhaltlich auch nicht so weit weg von meinem Blog und lässt sich wunderbar ergänzen.

**Wie heißt dein Blog und gibt es dazu eine Geschichte? Wie bist du auf den Namen gekommen?**

Mein Blog heißt „moey's kitchen foodblog" beziehungsweise moeyskitchen.com – tatsächlich brauchte ich für den Start meines Blogs einfach schnell einen Namen und hab mich kurzerhand für meinen Spitznamen aus der Schulzeit entschieden.

**Seit wann bloggst du? Und wieso hast du damit angefangen?**

Im Januar 2011 habe ich mit „moey's kitchen" meinen eigenen Blog gestartet, um Rezepte mit meinen Freunden und Kollegen teilen zu können. Damals waren das vor allem Cupcakes und andere amerikanische Backwaren.

**Was ist dein Lieblingsrezept von deinem Blog und gibt es ein Lieblingsrezept, das noch nicht auf deinem Blog ist?**

Tatsächlich habe ich nicht „das eine Lieblingsrezept". Echte Highlights sind aber die Pan Pizza 2.0 und meine Köttbullar. Dringend noch in den Blog muss Fish & Chips, eines meiner absoluten Lieblingsessen. Ganz klassisch mit frischem Kabeljaufilet, Erbsen und Malzessig.

**Was isst du für dein Leben gern und womit kann man dich jagen?**

Ich habe leider eine absolute Schwache für Backwaren aller Art. Ich liebe frisches Brot, nur mit guter Butter und Meersalz. Ähnlich sieht es bei süßem Gebäck aus. Außerdem könnte ich jeden Tag Salzkartoffeln essen. Und Eier in jeglicher Variation. Was ich hingegen gar nicht mag, sind Pilze, ich mag die Konsistenz einfach nicht. Und geschmacklich werde ich mich wohl nie mit Fenchel, Stangensellerie, Anis und Lakritz anfreunden können ...

**Was ist das schönste Erlebnis in Zusammenhang mit deinem Blog?**

In meinen mittlerweile acht Jahren als Blogger durfte ich schon so viele schöne Momente erleben! Ich habe wunderbare Freundschaften geknüpft, bin nach London, San Francisco, in die Provence und nach Modena gereist. Ich durfte Firmen besuchen, Kooperationen eingehen und auf Events feiern und lecker essen.

**Was war das Erste, was du von einem Oberhitzegrill gegessen hast?**

Ein richtig schönes dry-aged T-Bone-Steak. Nur mit Meersalz und Pfeffer gewürzt. Was für ein Hammer!

**Was begeistert dich an einem Oberhitzegrill am meisten?**

Der Oberhitzegrill ist so unglaublich vielseitig. Egal ob ich bei 800 °C ein perfektes Steak zubereite oder bei niedriger Temperatur Fisch grille oder auch einen Schokoladenkuchen backe. Flammkuchen oder Pizza werden auf dem Pizzastein fantastisch! Durch die Oberhitze gibt es so viele Anwendungsmöglichkeiten, das gefällt mir richtig gut!

# DANKSAGUNG

Womit soll ich anfangen? Eine Sache ist mir besonders wichtig: Danke, Theres! Auch wenn wir gesagt haben, dass wir nicht so schnell ein neues Kochbuch schreiben werden, hast du meine Idee mitgetragen, grandiose Fotos gemacht und natürlich auch die Rezepte tatkräftig mit mir entwickelt. Wir wollten eigentlich ein wenig kürzertreten, aber dieses Buch war ein großer Wunsch von mir. Ohne dich gäbe es dieses Buch definitiv nicht und ich bin dir wirklich dankbar, dass du mich hier unterstützt hast. Ich liebe dich!

Dann geht natürlich ein großes Dankeschön an meine lieben Freunde, die mit uns dieses Buch mit Rezepten und Fotos gefüttert haben. DANKE an:

Torsten, Sascha W., Malte, Cat, Jörg, Heiko, Maja, Felix, Thorsten, Sascha L.

Es macht mich sehr glücklich, dass ihr sofort alle dabei gewesen seid, als ich euch von meiner Idee erzählt habe. Ich glaube, wir haben hier wirklich ein großartiges Buch auf die Beine gestellt, das zeigt, dass Oberhitzegrillen nicht nur Steak bedeutet, sondern so viel mehr! Ich finde alle eure Rezepte extrem gelungen und ich frage mich, wann wir uns mal alle treffen, um uns gemeinsam mit unseren Rezepten zu bekochen!

Danke möchte ich auch sagen an Anja vom Bassermann Verlag, die meine Idee weitergegeben hat und somit auch für die Entstehung gesorgt hat. Danke auch an Hannes vom Südwest Verlag. Es hat wirklich Spaß gemacht, dieses Buch mit dir zu planen und entstehen zu lassen. Du hast alle unsere Ideen abgenickt, ohne auch nur einmal zu widersprechen. Die Zusammenarbeit hat mir wirklich viel Spaß bereitet.

Zu guter Letzt möchte ich, möchten wir uns bei allen bedanken, die uns dahin gebracht haben, wo wir heute sind. Das sind zum einen natürlich unsere Familien und Freunde, die uns immer wieder unterstützt haben, und natürlich unsere Leser, die überhaupt erst dafür gesorgt haben, dass wir Rezepte verfassen dürfen … egal ob auf Blog oder auch in Büchern.

Wir danken euch vielmals und hoffen, dass euch unser Buch gefällt!

# REZEPTE-ÜBERSICHT

HELIOS

# IMPRESSUM

**1. AUFLAGE 2019**


## HINWEISE



Das vorliegende Buch wurde sorgfältig erarbeitet. Dennoch erfolgen alle Angaben ohne Gewähr. Weder die Autoren noch der Verlag können für eventuelle Nachteile oder Schäden, die aus den im Buch gegebenen praktischen Hinweisen resultieren, eine Haftung übernehmen.

Sollte diese Publikation Links auf Webseiten Dritter enthalten, so übernehmen wir für deren Inhalte keine Haftung, da wir uns diese nicht zu eigen machen, sondern lediglich auf deren Stand zum Zeitpunkt der Erstveröffentlichung verweisen.

## BILDNACHWEIS

U1 und Grafiken im Innenteil:
shutterstock/wow.subtropica
Felix Schäferhoff: 16, 20, 35, 45, 111
Heiko Zahn: 37, 88
Istockphoto/Nikolay Donetsk und shutterstock/bicacis: 55
Katharina Schäfer: 19, 142
Maja Nett: 13,27, 58, 87, 138
Malte Adrian; 51, 67, 145
Sascha Lotzmann: 40, 60, 64
Sascha Wett: 30, 71, 117, 126, 141
Theres Pluppins: 11, 14, 25, 29, 32, 38, 43, 46, 47, 57, 63, 69, 75, 77, 78, 80, 84, 96, 99, 101, 103, 106, 108, 115, 121, 123, 124, 131, 133, 135, 136
Thorsten Nowak, 83, 90, 112

## PROJEKTLEITUNG

Hannes Frisch

## BILDREDAKTION

Sabine Kestler

## REDAKTION

Susanne Schneider

## HERSTELLUNG

Elke Cramer

## COVERGESTALTUNG

OH, JA! (www.oh-ja.com)

## LAYOUT UND SATZ, DTP

OH, JA! (www.oh-ja.com)

## LITHO

Mohn Media Mohndruck GmbH, Gütersloh

## DRUCK UND BINDUNG

Mohn Media Mohndruck GmbH, Gütersloh

Printed in Germany
ISBN: 978-3-517-09841-8

Verlagsgruppe Random House FSC® N001967

www.suedwest-verlag.de